Collection « Savoirs pratiques »

MW01709136

ÉDITH TARTAR GODDET

Savoir communiquer avec les ADOLESCENTS

- Comprendre les conduites adolescentes
- Instaurer le dialogue
- Donner des repères
- Savoir apporter une aide

RETZ
www.editions-retz.com
1, RUE DU DÉPART
75014 PARIS

Remerciements

Je remercie Bruno Barth, Maud Blanc, Frédéric Bonaparte, Marie-Laure Cofinet, Cédric Fouilland, Michèle Guivarc'h, Janine Kohler, Pierre Lejeune, Patricia Masson, Myriam Prost, Alain Ratiarson, Samuel Rilliard, Jacqueline Sers, Mickaël Schloessing, Ludmilla Wait-Lejeune, ainsi que les membres de l'équipe « Écoute Ados » du Centre Hospitalier J. Fritschi de Beaumont-sur-Oise (Val d'Oise) et de la Brigade des mineurs de l'Hôtel de Police de Cergy-Pontoise (Val-d'Oise) qui m'ont fourni de nombreux exemples, nourri et accompagné ma réflexion.

Je remercie également François Goddet qui a réalisé les schémas du chapitre 4.

Sommaire

Introduction

L'adolescence est une période de la vie extrêmement féconde et intense qui marque plus ou moins durablement de son empreinte l'existence de ceux qui la traversent. Elle est caractérisée par des changements profonds. Elle débouche, au cours d'un travail souvent long et lent, sur la construction d'une personnalité à chaque fois singulière et unique. Mais l'adolescence, c'est aussi l'image culturelle ambivalente que nous en avons à travers les reportages, les discours, les expériences… véhiculés par les médias, les spécialistes ou les témoins.

Ainsi, le regard que nous portons sur les adolescents d'aujourd'hui est le résultat d'un agglomérat d'impressions personnelles, de souvenirs et de représentations sociales qui s'additionnent et entrent parfois en conflit les uns avec les autres. Ces différentes images sont productrices de changements et de mouvements, mais aussi de tensions et de contradictions. Si, par exemple, les secteurs économiques et juridiques représentent l'adolescent comme une personne autonome, ayant des droits et étant capable de prendre en charge ses besoins spécifiques, l'univers familial et scolaire inscrivent plutôt l'adolescent dans une situation de dépendance de plus en plus durable ; tantôt en insistant sur le devoir d'adaptation des adolescents aux exigences de la société, tantôt en affirmant la nécessité de laisser ceux-ci s'épanouir librement sur le plan personnel.

Ces différentes représentations se mélangent et agissent parfois puissamment sur nous. Elles déterminent en grande partie nos attitudes et nos conduites quotidiennes à l'égard des adolescents. Elles alimentent parfois des clichés, des stéréotypes, plus fictifs que réels, à leur propos. Elles peuvent alors perturber occasionnellement ou durablement les communications entre jeunes et adultes. À cette difficulté, il convient d'ajouter les manières spécifiques, propres aux adolescents, de communiquer avec leurs parents, leurs enseignants ou toute autre personne qui les côtoie. Ces modes de communication peuvent varier d'un jeune à l'autre, d'un moment à l'autre, d'un groupe de jeunes à l'autre. Ils peuvent surprendre, gêner ou même choquer les adultes, altérer la qualité et la quantité des échanges. La compréhension des messages émis par les uns et par les autres devient alors problématique. Ces dysfonctionnements occasionnels des échanges peuvent aussi inquiéter les adultes quand ils ont l'impression de ne pas être entendus par les jeunes, en particulier lorsqu'ils essaient de leur transmettre des messages éducatifs.

Ce livre va donc aborder, pas à pas et à travers plusieurs portraits d'adolescents typiques, les innombrables facettes de ces communications adolescentes, fluctuantes et régies par des règles propres. Il propose aussi aux lecteurs un éventail assez large d'attitudes et de conduites à développer auprès des adolescents, quelles que soient les réactions excessives, provocatrices ou hostiles de ceux-ci.

La première partie de ce livre envisage les conditions d'une communication possible et satisfaisante entre jeunes et adultes. Car les communications agréables et efficaces avec les adolescents sont réalisables, à condition d'apprendre à repérer et à mettre en place en soi-même les attitudes et les conduites qui faciliteront l'attention et l'écoute des adolescents.

La deuxième partie aborde des situations au cours desquelles les adolescents ont des comportements qui fatiguent ou agacent les adultes ; en particulier quand ces actes se répètent quotidiennement. Elle les envisage non seulement sur le plan de la compréhension, mais aussi en fonction des attentes, le plus souvent inconscientes, que les jeunes ont envers les adultes. Elle propose aux lecteurs, comme dans la première partie, un échantillon d'attitudes et de conduites qui leur permettront de transmettre aux adolescents les messages qu'ils souhaitent leur faire entendre sur le plan éducatif. Messages qui aideront ensuite les jeunes à se conduire d'une manière socialement plus adaptée.

La troisième partie de ce livre est consacrée à la communication avec des adolescents qui présentent, à un moment donné (et chaque adolescent peut se trouver dans cette situation), des difficultés psychologiques ou sociales. Celles-ci peuvent perturber l'évolution des adolescents et leur communication avec les autres. Les différents interlocuteurs de ces jeunes en souffrance sont concernés par le dépistage précoce de ces troubles ; la mobilisation du jeune et de sa famille pour entreprendre une démarche de soins repose en partie sur la communication que ces interlocuteurs auront réussi à établir avec eux.

partie 1

Établir une bonne communication

chapitre 1

Communiquer, c'est possible… mais

chapitre 2

S'adapter pour communiquer

chapitre 3

Rassurer pour éviter la dévalorisation

chapitre

1

Communiquer, c'est possible… mais

Une proportion importante de parents, de grands-parents et d'enseignants a ponctuellement, et sur des durées plus ou moins longues, une qualité de communication appréciable avec un ou des adolescents. Parallèlement, de nombreux adolescents sont plutôt satisfaits de la qualité des relations qu'ils établissent avec leurs parents ou leurs enseignants ; relations qui facilitent les échanges entre eux.

Exemple : **Alexandre**, 17 ans : « Je peux discuter avec mes parents de tous les sujets qui m'intéressent. Je sens qu'ils m'écoutent. Parfois, j'ai même l'impression de leur apprendre quelque chose. Ils semblent alors curieux de comprendre ce qu'ils ne connaissent pas et me posent des questions. Jamais je ne les ai entendus se moquer de moi, et pourtant, sur certains sujets, je me souviens avoir exprimé des avis qui me paraissent ridicules aujourd'hui… »

Basés sur des relations attentives et respectueuses, ces échanges sont, durant de brefs instants ou de longs moments, intéressants et enrichissants. De plus, ils peuvent être agréables et, parfois même, émouvants. Ils constituent les bons souvenirs auxquels chacun pourra se référer quand les « orages » passeront car, à tout instant et tout à coup, un adolescent peut refuser ou rompre brutalement la communication avec son interlocuteur en devenant, boudeur, hostile, provocateur, indifférent à son égard, buté, en partant brutalement ou en se repliant sur lui-même.

LA COMMUNICATION SATISFAISANTE

Dans le cadre familial et scolaire, les échanges entre adultes et adolescents sont le plus souvent guidés par la spontanéité naturelle des uns et des autres. Chacun communique d'une manière intuitive, « comme il le peut », en fonction de sa sensibilité personnelle, de son caractère, de son humeur, de sa disponibilité du moment, de ses **représentations** de la catégorie à laquelle l'autre appartient (adolescence, adulte...), de ses attentes à son égard et de sa relation préalable avec l'autre. L'appréciation qualitative de ce type de communication, qui n'est pas régie par des règles précises auxquelles les interlocuteurs pourraient se référer pour évaluer l'efficacité de leurs échanges, est alors plutôt subjective. Aussi, des attitudes antérieures ou des émotions, des réactions apparaissant au cours de la communication peuvent modifier le cours de la conversation sans que les interlocuteurs ne s'en aperçoivent immédiatement.

Les **représentations** personnelles et/ou sociales sont constituées d'images mentales (visuelles, auditives, associatives...). Ces représentations sont véhiculées par les attitudes, conduites, discours émis par l'environnement familial, social, médiatique... Nos représentations se façonnent bien souvent à notre insu. Elle agissent puissamment et conditionnent nos propres discours, attitudes, conduites.

Exemple : « Faites attention, dit Madame B., grand-mère de **Julie**, à sa fille et à son gendre, Julie m'a dit qu'elle ne pouvait pas discuter avec vous. Elle m'a dit que vous ne faisiez attention ni à elle ni à ce qu'elle vous disait. » La mère de Julie, ahurie par cette révélation, lui répond : « Mais, c'est incroyable, hier encore, nous avons eu une très longue conversation sur ce qu'elle veut faire plus tard et nous lui avons donné, l'un et l'autre, les informations qu'elle nous demandait. » Et le père ajoute : « Pour ma part, j'ai le sentiment de bien communiquer avec ma fille ! »

Ainsi, adultes et adolescents peuvent avoir, à propos d'une même communication, des impressions diverses, voire opposées, qui peuvent troubler le cours de leurs futurs échanges. Il est sans doute possible d'améliorer cette situation en prenant le temps de s'interroger soi-même, puis de se questionner mutuellement entre adultes et jeunes, sur la qualité de communication et d'écoute réci-

« Je peux discuter avec mes parents de tous les sujets qui m'intéressent. Je sens qu'ils m'écoutent. »

proque. Pour être profitable, cette discussion ne doit pas être un interrogatoire, ni mettre en position de coupable l'un ou l'autre, mais se réaliser dans un climat de tranquillité, d'attention, d'intérêt pour l'autre, d'écoute et de respect mutuel.

▶ Les règles de la communication efficace

Une communication verbale entre un parent et son adolescent est de qualité quand l'adolescent semble avoir entendu, compris et intégré le message parental, communication de qualité dont les effets ne sont pas obligatoirement visibles immédiatement. Inversement, un adolescent a l'impression de bien communiquer avec ses parents lorsqu'il capte leur attention, éveille leur intérêt pour ce qu'il a dit ou fait, et modifie leurs attitudes et conduites à son égard, lorsqu'il obtient de ceux-ci ce qu'il leur avait verbalement demandé.

Mais les échanges entre un parent et son adolescent, ou entre un enseignant et son élève, ne reposent pas uniquement sur la compréhension et la mise en pratique du message émis par l'adulte. De nombreuses variables participent à cette efficacité. La relation existant entre l'adulte et le jeune, antérieurement à cet échange, les représentations personnelles et sociales que l'un a à l'égard de l'autre, peuvent en particulier interférer sur le résultat que l'adulte désire obtenir.

S'il est en conflit avec le jeune, la communication avec celui-ci pourra en être perturbée.

Si, au contraire, l'adolescent apprécie l'adulte, il essayera de (ou pourra) se rendre psychiquement disponible pour écouter et utiliser le message que son parent ou son enseignant essaie de lui transmettre.

La **communication non verbale** recouvre tout ce qui est exprimé de manière corporelle. Elle concerne à la fois les manières utilisées par l'émetteur pour transmettre le message verbal (timbre de voix, niveau sonore, débit verbal, articulation des mots…), les manières de transmettre les émotions ressenties au fur et à mesure des échanges, les attitudes (manière de regarder le récepteur, position du corps, gestes…).

La communication est donc satisfaisante entre un parent et un adolescent quand l'adulte ne s'intéresse pas seulement au résultat qu'il souhaite obtenir, mais quand il se montre soucieux du contexte relationnel, des manières dont il va s'adresser au jeune, de l'effet et des conséquences produits par son message sur son interlocuteur.

Exemple : Quand la mère de **Sébastien** lui demande de mettre la table pour le dîner, les réponses du jeune homme varient suivant les moments. Il répond ou ne répond pas verbalement. Et il s'accorde un délai qu'il argumente parfois : « Dans 5 minutes, je suis en train de finir un exercice ! »

Cet adolescent de 15 ans entend et intègre les informations que sa mère lui communique et répond à ses attentes. Celle-ci prend soin ou fait l'effort de formuler sa demande à l'égard de son fils sous la forme interrogative, d'une manière calme et bienveillante. Ce questionnement, qui autorise toutes les réponses possibles, donne à Sébastien la liberté de répondre par la négative ; réponse que la mère est prête à entendre. Ce jeune homme n'est pas un adolescent obéissant immédiatement aux demandes de sa mère. Il peut introduire dans sa réponse une information nouvelle que sa mère a appris à tolérer. Cette demande d'attente qu'il formule, en réponse à la demande de sa mère, lui permet de gérer intérieurement le sentiment de dépendance qu'il peut ressentir à l'égard de celle-ci, quand il a l'impression qu'elle lui donne des ordres.

DÉFINITION

Les règles générales de la communication efficace

• Les échanges entre l'émetteur et le récepteur sont axés sur **les informations contenues dans le message verbal.**

• Chacun adapte son message pour qu'il soit entendu et mis en pratique par l'autre. Chacun tient compte et s'adapte au message de l'autre. Chacun est vigilant, en particulier, à la manière dont son message peut être entendu, décodé, compris, interprété par son interlocuteur.

Les messages verbaux contiennent un nombre limité d'informations. L'adulte veille à ce qu'ils soient compréhensibles et clairs. Ils sont construits suivant les règles usuelles de la syntaxe.

Ils tiennent compte des composantes de la **communication non verbale**.

L'émetteur prend soin de ne pas dire avec son regard, sa voix, son attitude, etc., le contraire de ce qu'il dit avec des mots.

Il ne se laisse pas déborder par les émotions qu'il ressent. Il ne se réfugie pas dans un discours trop général et abstrait. Il illustre ses propos d'exemples pour que l'adolescent comprenne rapidement ce que son interlocuteur a à lui dire.

Les objectifs de la communication sont préalablement définis par l'émetteur – qui s'emploie, dans la mesure du possible, à les expliciter à son interlocuteur – et guident les échanges.

• Les autres communications (manière de s'exprimer, intonations, gestes, émotions, réactions, attitudes…) sont intérieurement canalisées et gérées par chaque partenaire pour ne pas gêner les échanges verbaux.

▶ La communication efficace est ponctuelle

Tout adolescent a la capacité d'échanger avec les adultes suivant les règles énoncées ci-dessus. Lorsqu'il utilise cette compétence, il se comporte d'une manière socialement mature et communique d'une façon satisfaisante avec les autres. En dehors de ces périodes, plus ou moins longues, le jeune ne se conduit plus comme un enfant, pas encore comme un adulte, mais comme un adolescent.

Exemple : La mère d'**Amélie** constate que la qualité de communication avec sa fille varie sans cesse. La jeune fille peut être hostile et mutique, ou volubile et charmante. Elle peut ignorer sa mère en passant à côté d'elle ou, au contraire, l'embrasser subitement dans un élan spontané de tendresse. Amélie peut aussi refuser de répondre aux questions de sa mère en lui disant d'une manière agressive : « Ça ne te regarde pas ! » Ou venir spontanément, quelques heures plus tard, lui parler de sujets très personnels sans que sa mère lui ait demandé quoi que ce soit.

Les **pulsions** sont des forces incoercibles qui prennent leurs sources dans l'organisme et qui cherchent un mode de satisfaction immédiat. La pulsion provoque une sensation de tension qui disparaît en satisfaisant la pulsion. Certaines pulsions sont au service de l'autoconservation. D'autres sont destructrices.
Le **désir** est l'expression de la pulsion. Le désir se formule, se dit. Il tient compte de l'autre, alors que la pulsion réduit exclusivement l'autre au besoin qu'elle en a.
Le **conflit** psychique interne oppose des exigences contraires qui entrent en lutte les unes avec les autres. Il peut se révéler à travers les sentiments de culpabilité, de honte ou des émotions contradictoires.
Les **mécanismes de défense** sont des forces que l'adolescent met en œuvre pour éviter le conflit psychique interne qu'il ressent comme un danger.
Le **clivage** est un mécanisme de défense de la petite enfance qui permet d'aimer et de haïr successivement quelqu'un sans culpabilité. L'adolescent n'a pas conscience que ce sentiment contradictoire concerne la même personne.

La mère d'Amélie, comme d'autres parents, est surprise par la variabilité des réactions de sa fille allant d'un extrême à l'autre, d'un moment à l'autre. Ces changements d'attitudes, d'humeur… incompréhensibles pour des interlocuteurs non avertis, troublent les adultes mais aussi bien souvent les adolescents eux-mêmes. De plus, ils perturbent les échanges ultérieurs : les parents peuvent être encore en train de s'interroger sur les raisons de la colère subite de leur fille, alors que celle-ci est à présent devant eux, souriante, détendue et prête à discuter.

Il n'est donc pas étonnant que les adultes soient, plus ou moins fréquemment, agacés, fatigués, surpris, déstabilisés, démunis… au contact des adolescents, car cette période de la vie faite de crises, de ruptures, de bouleversements externes et internes, est parfois difficile à traverser pour les jeunes et pour ceux qui les côtoient.

Ce moment est angoissant et parfois déstabilisant pour les jeunes car ils se découvrent différents, ne se reconnaissent plus dans leurs nouvelles attitudes et conduites. Ils sont envahis par des émotions, des sentiments, des désirs, des idées excessives qui les surprennent parfois et qu'ils n'apprennent que très progressivement à gérer. Au début de l'adolescence, ils veulent pouvoir satisfaire, immédiatement, toutes leurs **pulsions** et tous leurs **désirs**. Leur monde interne devient un lieu de **conflits** difficiles à gérer. Ils s'en protègent grâce à de nombreux **mécanismes de défense**. Dans l'exemple précédent, Amélie utilise le **clivage** ou la loi du « tout ou rien ». Elle se protège, grâce à cette défense, des sentiments et des idées contradictoires qu'elle ressent.

Ces situations sont difficiles pour les parents, les enseignants, les grands-parents… car ils risquent de se laisser gagner par ces réactions et ces émotions excessives, en particulier lorsqu'elles sont chargées d'anxiété ou d'agressivité. Spontanément, nous avons tous tendance à nous laisser plus ou moins envahir par l'angoisse ou la colère qu'une personne ressent ou exprime à côté de nous. Ainsi, les réactions agressives ou anxieuses d'un adolescent pourront éveiller en retour, chez ses interlocuteurs, une réaction d'agacement ou d'anxiété, parfois sans qu'ils s'en rendent compte. Il faudra que ceux-ci réalisent un véritable travail pour en prendre conscience et pour dépasser cette réaction naturelle.

CONSEILS

Lorsqu'un adolescent a des réactions excessives, inattendues ou change subitement d'attitude ou de conduite à votre égard :

1. Observez vos propres réactions (gestes, émotions ressenties, paroles) et leurs effets sur vous-même et sur l'adolescent.

Repérez précisément, d'abord dans l'« après-coup » de l'échange, les comportements ou les paroles de l'adolescent qui produisent en vous de l'agacement, de la colère, de la fatigue, de l'incompréhension…

Puis tentez de percevoir et de contrôler ces réactions dès que l'adolescent a ce comportement en vous mettant en position de vigilance sur le plan mental.

2. Apaisez vos réactions :

– en faisant des exercices de détente, en respirant et en parlant plus lentement ;

– en saisissant au vol les pensées automatiques[1] qui assaillent votre esprit à ce moment-là, en les mettant au jour, vous vous donnez les moyens de faire évoluer vos réactions ;

– en vous questionnant sur la conduite à tenir.

1. Les pensées automatiques circulent comme des étoiles filantes. Elles traversent rapidement l'esprit et sont très vite oubliées. Mais elles restent actives et déterminent nos attitudes et conduites ultérieures.

Si les adultes apprennent à ne pas se laisser troubler par les attitudes, émotions, conduites excessives des adolescents (reproches, contradictions, insultes, incivilités, exigences…), ils montreront aux jeunes l'image d'un parent ou d'un enseignant différent d'eux, capable de les tolérer tels qu'ils sont et de contrôler ses propres réactions. Ces adultes seront alors disponibles pour gérer la communication avec les adolescents, leur poser tranquillement limites et interdits et augmenter leurs chances de crédibilité à leur égard.

L'absence de difficultés de communication avec un adolescent

Certains parents se montrent globalement satisfaits des relations avec leurs adolescents. Ils ne formulent ni plaintes ni reproches à leur égard. Ceux-ci se conduisent conformément à leurs attentes.

Exemple : Le père de **Jérémie**, 15 ans, est tout étonné d'entendre un de ses collègues de bureau se plaindre de sa fille, du même âge, qui réclame de plus en plus de liberté et qui ne respecte pas toujours les interdits que ses parents lui donnent. Jérémie ne pose pas ce type de problème à ses parents. Il est resté le garçon calme, affectueux, serviable, obéissant, studieux qu'il a toujours été.

Exemple : **Claire**, 16 ans, demande toujours l'avis de sa mère avant d'agir, et suit les conseils maternels. Lorsqu'elle parle avec quelqu'un, en présence de sa mère, elle cherche dans le regard de celle-ci son assentiment. Elle a plusieurs fois refusé des invitations de la part de ses amis, pour rester avec ses parents.

Jérémie et Claire ne semblent pas encore s'être autorisés à entrer dans l'adolescence et continuent à se conduire, à l'égard de leurs parents et de leurs enseignants, comme des enfants. Car, durant la longue **période de latence**, les parents sécurisent leurs enfants en les protégeant de leurs conflits internes. Ceux-ci sont alors **refoulés**. Ainsi, l'enfance peut être une période de grand calme sur le plan psychique, alors que l'adolescence peut être une période de crise, de rupture, de bouleversement plus ou moins intense(s). C'est un moment naturel de remaniement psychique, lié aux nombreux changements physiologiques, physiques, psychologiques et sociologiques que traverse chaque jeune. L'adolescent accède peu à peu à la sexualité génitale. Son corps devient adulte. Son psychisme est l'objet d'un remaniement profond. Il s'éloigne de ses parents. Il s'individualise et prend progressivement sa place parmi les autres ; tout en prenant symboliquement la place de quelqu'un : « Grandir est par nature un acte agressif [...]. À plus ou moins brève échéance, la classe d'âge des adolescents prendra la place de la classe d'âge précédente[1]. »

Cette **période de latence** commence vers 6 ans et dure jusqu'à la puberté ; moment relativement serein, peu conflictuel intérieurement, au cours duquel l'enfant s'insère dans sa culture. Il développe l'ensemble de ses capacités.

Refoulement : processus dynamique qui consiste à repousser ou à maintenir hors de la conscience ce que l'on ne veut pas savoir (comparable à un processus de fuite).

Jérémie et Claire, sans doute effrayés par ce que représente l'adolescence, ne se sentent pas encore prêts à perdre leur enfance pour pénétrer dans un monde nouveau, sans savoir ce qu'il sera. Ils continuent à s'inscrire dans le désir de leurs parents, qui leur servent de protection par rapport à leur monde interne et au monde extérieur. Ils ont encore besoin de passer par leurs parents pour savoir ce qu'ils sont car ils n'osent pas prendre le risque de se représenter eux-mêmes, de se voir eux-mêmes, de perdre les appuis que représentent pour eux leurs parents.

Ceux-ci continuent peut-être à percevoir Jérémie et Claire comme des enfants. Enfants qu'ils ont admirés car ils réalisaient les

1. Alain Braconnier, Daniel Marcelli, *L'Adolescence aux mille visages*, Paris, Éditions Odile Jacob, 1998.

projets que, eux, parents, avaient conçus à leur intention. Aussi, Jérémie et Claire, n'osant pas leur déplaire, ne se risquent pas à prendre leurs distances à l'égard de leurs parents et à devenir des adolescents plus autonomes.

À QUOI SERT LA COMMUNICATION ?

L'adolescence est une période particulièrement féconde, un moment unique dans la vie, durant lequel chaque jeune développe de nouvelles potentialités. La pensée lui offre maintenant la possibilité de raisonner d'une manière beaucoup plus vaste. Grâce au langage, aux échanges avec les autres et à la réflexion personnelle, il va pouvoir percevoir et assumer les nombreuses modifications corporelles, affectives et relationnelles qu'il subit.

Apprivoiser les changements par la parole

Au cours d'une discussion avec des amis, il nous est sans doute déjà arrivé d'être surpris par les paroles que nous venions de prononcer. À ce moment-là, nous nous sommes dits en nous-mêmes : « Tiens, je ne savais pas que je pensais ça ! »

Fréquemment, les adolescents se trouvent dans cette situation. Ils découvrent ce qu'ils pensent au fur et à mesure qu'ils le disent. Parler leur permet ainsi de s'écouter en faisant connaissance avec eux-mêmes ; et de s'approprier, puis de gérer ces opinions, ces réactions, ces sentiments dont ils prennent subitement conscience.

Exemple : **Quatre jeunes** se retrouvent quotidiennement à la sortie du lycée et se rendent au café où ils peuvent discuter ensemble des heures entières sans être dérangés. Aucun d'entre eux ne manque jamais ces interminables discussions sur les sujets les plus divers, où chacun, sous le regard et l'écoute bienveillante des autres, exprime ses idées, ses impressions, ses convictions, son savoir, ses émotions… Se soutenant, se questionnant et se confrontant les uns aux autres, ils apprennent, en parlant, à modifier, à affiner et à faire évoluer leur pensée.

Si parler permet de se connaître, de se découvrir soi-même, d'apprendre à penser et d'élaborer ses projets futurs, il n'est pas inutile de proposer aux adolescents des temps de discussion au cours desquels les adultes pourront les accompagner dans ce travail verbal, sans manifester de réactions vives ou de jugements trop rapides.

Exemple : **Sabine**, 25 ans, écoute Émilie, sa sœur âgée de 16 ans, qui lui parle de ses projets futurs. Sabine manifeste très rapidement son agacement face au discours de sa sœur qui lui paraît inadapté. Elle finit par lui dire : « Tais-toi ! Tu dis des bêtises. » Émilie, blessée, furieuse à son tour, insulte sa sœur et part, en larmes, s'enfermer dans sa chambre.

Sabine a déjà oublié les idées excessives qu'elle a exprimées durant sa propre adolescence. Idées qu'elle remaniait au fur et à mesure des discussions avec son entourage. En empêchant Émilie de s'exprimer librement, Sabine ôte momentanément à sa sœur la possibilité de découvrir ce qu'elle pense, de se construire une image d'elle-même, d'élaborer des idées et des projets nuancés et adaptés à ses possibilités et aux exigences de la société.

Or, c'est au cours de l'adolescence, qui se fait par étapes successives, que chaque adolescent se forge une nouvelle identité qui lui sera tout à fait personnelle et se singularise des membres de sa famille. Cette image psychologique, que chaque adolescent élabore peu à peu, s'appuie sur ce que ses parents lui ont transmis. Il y intègre et y ajoute des éléments supplémentaires par le biais d'**identifications** nouvelles. Il multiplie les rencontres et les échanges en dehors de son milieu familial. Il observe ou expérimente de nouvelles manières de vivre et de penser. Il élargit ainsi son éventail de possibilités pour se constituer un idéal de vie future comprenant ses différents projets, ses normes de jugement, ses idéaux et ses références personnelles.

L'**identification** est un processus, le plus souvent inconscient, utilisé dès la petite enfance, qui consiste à adopter certains aspects, certaines attitudes, conduites... provenant d'une ou de plusieurs personnes, pour les intégrer dans sa personnalité après les avoir remaniés.

Aussi, le dialogue aide-t-il les adolescents à s'individualiser en se constituant leurs propres pensées et à repérer leurs problématiques personnelles.

▶ Créer des liens symboliques

Les **liens symboliques** sont des liens non visibles concrètement car ils sont tissés par la parole et les échanges. Ils s'appuient sur les relations qui se sont nouées avec le temps entre les personnes.

Ces **liens** permettent aux interlocuteurs d'être proches tout en étant physiquement séparés, de maintenir des relations entre eux tout en prenant des distances physiques. Par la communication verbale, mais parfois aussi non verbale, les adolescents entrent en

CONSEILS

Lorsqu'un adolescent cherche à communiquer verbalement avec vous, essayez de vous rendre disponible psychiquement, en étant notamment attentif aux points suivants :

1. Écoutez-le avec attention et avec bienveillance. Faites l'effort si nécessaire. Laissez-le parler. L'adolescent est peut-être en train de penser à voix haute, il attend d'abord de vous un simple accompagnement et souhaite s'entendre et être entendu avant d'être guidé.

2. Limitez vos réactions non verbales (intonations, attitudes, regards...) car l'adolescent vous regarde et peut s'arrêter de parler s'il perçoit sur votre visage une grande surprise, un agacement, du désintérêt…

3. Ne jugez ni trop rapidement, ni trop vivement ce qu'il dit. Ne vous moquez pas de lui. En particulier s'il exprime certains propos qui ne correspondent pas à vos opinions, vos normes de jugements ou qui vous paraissent ridicules.

4. S'il vous demande votre avis, n'en profitez pas pour lui tenir un long discours. Exprimez votre opinion d'une manière nuancée.

5. Ne l'obligez pas à partager immédiatement votre point de vue. Laissez le temps faire son œuvre. Ne dramatisez pas ses idées et convictions actuelles. Elles évolueront grâce à la communication verbale qu'il pourra avoir avec ses proches.

contact avec leurs parents et leurs enseignants sans se confondre avec eux. Au début de l'adolescence, alors que les jeunes ont tendance à éviter le contact physique avec leurs parents, les échanges verbaux maintiennent ce lien symbolique nécessaire avec leurs géniteurs.

L'adolescent recherche l'adulte, l'interaction avec lui. La parole permet ce contact, qui peut se faire sur un mode conflictuel et au cours duquel le jeune peut être alternativement provocateur, manipulateur, séducteur, agressif, ironique…

Exemple : « Je n'y comprends rien, dit la mère de **Thomas** âgé de 16 ans, mon fils cherche toutes les occasions pour entamer une conversation avec son père. Il veut toujours discuter, mais il n'est jamais d'accord avec lui. Au lieu de laisser tomber la discussion, il en rajoute sans cesse, et le ton monte entre eux. »

La parole est utilisée par Thomas pour entrer en relation avec son père, y compris quand il n'est pas d'accord avec lui. Lorsque le père a compris le sens de ces discussions interminables, il peut accepter de communiquer de cette manière avec son fils en fixant des limites symboliques à ne pas dépasser. Ainsi, il ne se laissera ni contaminer par l'agressivité de Thomas, ni agacer par ces échanges.

Il pourra faire découvrir progressivement à son fils les règles qui sous-tendent la communication entre les personnes et lui apprendre à gérer son agressivité. Ces limites se fixent *a priori* et évoluent au fur et à mesure des échanges. Elles sont valables pour les interlocuteurs en présence. Elles répondent aux questions : « Que peut-on tolérer de part et d'autre pour pouvoir se parler ? Faut-il accepter le rapport de force, les insultes, les menaces, les attitudes méprisantes… ? »

La parole permet à l'adolescent de se séparer des autres, de se différencier, mais elle donne en même temps le sentiment de faire partie du même groupe. Par la parole, il peut, tout en continuant à communiquer avec les autres, affirmer sa différence sans avoir besoin de l'imposer physiquement.

LA BONNE COMMUNICATION DÉPEND AUSSI DE VOUS !

Toute communication entre deux ou plusieurs personnes a pour objectif de les amener à réagir et à s'adapter aux différents messages verbaux, et non verbaux qui seront émis successivement. Lorsqu'un adulte communique avec un adolescent, il peut, avant d'établir le dialogue, soit avoir des attentes précises à l'égard du jeune, soit avoir certains préjugés favorables ou défavorables, soit enfin adopter lui-même des attitudes excessives envers l'adolescent. Ces différents facteurs peuvent, à tout moment, parasiter et perturber les échanges car ils sont producteurs de tensions, d'inquiétude, de questions qui restent momentanément sans réponses.

▶ Les attentes des parents et des enseignants

Les adultes apprécient souvent les adolescents qui établissent avec les autres des relations stables et communiquent d'une manière socialisée et mature. Quand l'apparence physique de ces jeunes est celle de l'adulte, les parents et les enseignants en attendent des réactions « d'adultes » calmes, mesurées et responsables. Ils souhaitent les voir accepter un certain nombre d'usages et de règles (notamment celles de la communication). Ils voudraient qu'ils soient capables d'entendre, de comprendre et de s'adapter aux arguments de leurs éducateurs.

Or, certains adolescents ne se conduisent pas conformément à ces attentes. Ils ne tiennent pas assez compte des règles sociales et des discours éducatifs ayant pour but de les protéger et de les insérer socialement. Si, intellectuellement, l'adolescent peut comprendre ce qui est formulé par les adultes qui l'entoure, si chacun peut parfaitement saisir le caractère préventif contenu dans les conseils parentaux en matière d'hygiène, d'alimentation ou de rythme veille-sommeil, s'il peut entendre les exigences scolaires de ses enseignants à son égard, s'il peut intégrer les admonestations du juge qui le reçoit dans son cabinet, il agira plus volontiers, lorsqu'il est seul ou avec ses amis, conformément à ses pulsions et à ses désirs. Et l'adulte ne comprendra pas ce décalage entre ce que l'adolescent serait capable de faire et ce qu'il fait.

Les parents et les enseignants sont souvent étonnés que le discours de la raison ait, par moment, si peu de prise immédiate sur le jeune. Ils ont l'impression d'avoir perdu leur temps ou sont profondément déstabilisés. Ils peuvent aussi se sentir mal à l'aise ou coupables[1] de ne pas avoir réussi là où d'autres (parents, enseignants, éducateurs…) semblent accomplir plus correctement leurs tâches.

Le rêve de l'adolescent idéal

Les parents et les enseignants se sont souvent construits une image idéalisée de l'adolescent. Sur cette image, ils projettent leurs aspirations, leurs désirs, leurs représentations mentales de cet adolescent ou des adolescents en général, et élaborent le profil de l'adolescent tel qu'ils le rêvent. Ils attendent que les adolescents conduisent leur existence conformément à cet idéal. Or, dans la vie quotidienne, les adolescents ne ressemblent pas toujours à cette image. Il existe alors un écart, un décalage entre l'adolescent tel qu'il est imaginé par ses parents ou ses enseignants et l'adolescent tel qu'il est.

1. « Sous prétexte de considérer l'enfant comme une personne capable de raisonnement, a écrit Brigitte Cadéac d'Inter-Service-Parents, les parents en oublient son statut d'enfant. Résultat, lorsque leur fille ou leur fils refuse d'aller à l'école, ils sont incapables de les y obliger. Pire, ils se minent eux-mêmes et prennent rendez-vous chez le psy… », in *Famille et Éducation*, mars-avril 1996.

CONSEILS

Comment repérer cet écart

Observez vos réactions émotionnelles, vos gestes, vos paroles à propos d'un adolescent.

1. Ressentez-vous de l'agacement, de la fatigue ou de l'indifférence à son égard : « Je ne peux plus le supporter... », « Je ne mérite pas cet élève... », « Il ne m'intéresse pas... » ?

2. Avez-vous tendance à ne pas le comprendre, à lui faire des reproches, à vous plaindre de lui auprès d'autres personnes ?

Lorsque nous répondons souvent par l'affirmative à ces questions, nous avons tendance à nous référer à un modèle d'adolescent idéal pour percevoir et apprécier l'adolescent que nous avons sous les yeux. Nous formulons alors des regrets ou exprimons de nombreux reproches à cet adolescent si ses attitudes et ses conduites s'écartent d'une manière importante du modèle dont nous rêvons. Cet écart, ce décalage, est producteur de tensions, d'incompréhension, de désarroi ; il alimente nos différentes appréciations négatives et dévalorisantes sur cet adolescent.

À l'inverse, nous prononçons assez peu ces phrases lorsque nous n'avons pas d'attentes idéalisées à l'égard de l'adolescent, ou lorsqu'il se comporte d'une manière socialement adaptée et mature se rapprochant du modèle de l'adolescent idéal, signe que ce jeune est capable de gérer intérieurement sa problématique psychologique sans la manifester extérieurement.

Le **travail de deuil** concerne ici, non pas les réactions liées à la perte d'une personne aimée, mais les processus qui sont mis en œuvre dans la perte d'une représentation, d'une image à laquelle on était attaché. Comme dans le travail du deuil, on se détache progressivement des représentations investies pour investir d'autres images, d'autres objets...

Nous avons donc à tolérer, dans une certaine mesure, ce décalage et à faire le **deuil** de cette image idéalisée de l'adolescent ou de l'élève que nous souhaiterions avoir. Deuil nécessaire car cette image idéale de l'adolescent est une construction tout à fait illusoire, assez souvent calquée sur l'image que nous nous faisons de l'adulte idéal. Or, l'adolescent n'est pas encore psychiquement un adulte, du moins au début de l'adolescence. Mais des représentations sociales véhiculées par la société depuis plusieurs décennies conduisent les adultes (parents, enseignants, éducateurs...) à percevoir l'adolescent comme déjà adulte : à oublier l'écart intergénérationnel et les rôles d'accompagnement, de soutien, de protection, d'éducation, de transmission qui leur incombent.

L'adulte renvoyé à sa propre adolescence

L'adolescent ravive, par ses actes et ses paroles, l'adolescence de ses parents. Et ceux-ci, vivant au quotidien avec leur adolescent, peuvent se retrouver dans des situations qu'ils ont pu vivre avec leurs propres parents, lorsqu'ils étaient eux-mêmes adolescents. L'adolescence est une période de la vie d'une intensité telle qu'elle marque durablement de son empreinte chaque existence, laissant ici et là des traces plus ou moins vives, des blessures plus ou moins cicatrisées, des souvenirs plus ou moins flous ou idéalisés. On se la remémore avec plus ou moins de plaisir ; dans certains cas, on refuse de s'en souvenir.

Les réactions excessives à l'égard des adolescents, réactions spontanées faites soit d'exaspération, soit d'indifférence, ne sont pas rares. Les unes et les autres révèlent la sensibilité de l'interlocuteur (parent, enseignant, grand-parent…) envers sa propre adolescence. Sensibilité ravivée par les attitudes et les conduites du ou des adolescents qu'il côtoie.

Exemple : **Des enseignants** de différents âges participent à une formation professionnelle dans le collège dans lequel ils travaillent. Un certain nombre d'entre eux arrivent en retard, alors que la formation a déjà commencé. Ils entrent et s'installent bruyamment en poursuivant, entre eux, leurs conversations. La formation portant sur « les adolescents difficiles », ces enseignants sont amenés à exprimer leurs vives réactions et leur intolérance face aux élèves qui arrivent en retard ou bavardent sans cesse avec les autres durant les cours.

Ces enseignants ont sans doute oublié leur propre adolescence et leurs attitudes d'opposition, fréquentes à cet âge. Ou peut-être ne se sont-ils pas autorisés à être en désaccord, en refus avec leurs enseignants, au moment de leur adolescence. La similitude de leurs comportements, lorsqu'ils sont en situation de formation, avec les comportements de certains de leurs élèves en situation scolaire, révèle des interrogations personnelles, des souffrances. Celles-ci sont masquées par les attitudes d'intolérance et d'agressivité à l'égard des élèves. Ces attitudes cachent un refus de se remettre en question.

Le **remaniement psychique** qui s'opère tout au long de la vie, mais qui est particulièrement intense durant l'adolescence, mobilise une grande quantité d'énergie et demande un effort important, comme tout travail, à celui qui désire évoluer psychologiquement.

Or, l'adolescence des enfants est, pour les parents, mais aussi pour les enseignants, les éducateurs, etc., une bonne occasion de **se mettre eux aussi au travail** et de se donner l'occasion (elle ne se renouvellera peut-être pas de sitôt) d'essayer de liquider leurs souvenirs mal digérés, leurs conflits internes, leurs questions d'identité, leurs difficultés relationnelles avec leurs propres parents. Lorsque les parents et les éducateurs montrent aux adolescents qu'ils sont, eux aussi, non seulement capables de se remettre en question sur le plan psychique, mais que cette remobilisation a des effets constructifs et non destructeurs, alors, les adolescents peuvent s'autoriser eux-mêmes à accomplir leur travail de réorganisation interne.

L'adulte « miroir » de l'adolescent

La communication verbale est efficace lorsque les interlocuteurs arrivent à canaliser leurs communications non verbales, notamment leurs émotions, leurs réactions excessives ou contradictoires… Or, il nous arrive d'imiter, à certains moments, les manières de s'exprimer des adolescents, sans nous en rendre compte. Par exemple, nous reproduisons devant eux et en écho leurs réactions intenses, immédiates et changeantes, ou bien nous fuyons, comme eux, les situations difficiles.

Exemples : **Julien**, 16 ans, vient de dire à sa mère d'une manière vive et émotionnelle : « J'en ai marre d'aller au lycée, ça ne m'intéresse pas ! » Celle-ci, qui tient à ce que son fils passe son baccalauréat, réagit immédiatement et de la même manière que son fils : « Il est hors de question que tu arrêtes ta scolarité ! »

Madame M. se plaint auprès du professeur principal de son fils, scolarisé en classe de 4e, de ses résultats en mathématiques, en dessous de la moyenne :

« C'est dramatique, dit-elle, il est complètement nul…

– Mais non, répond l'enseignante, dans l'ensemble, c'est un bon élève qui a des progrès à faire uniquement dans cette matière. »

L'adolescent, par ses réactions parfois inattendues et excessives, nous conduit, nous pousse à réagir dans le même registre. Dans l'exemple, la mère de Julien ne s'accorde pas de délai avant de répondre à son fils. Et répondant dans l'instant présent, elle se laisse gagner par l'émotion intense avec laquelle Julien s'exprime. Lorsque nous réagissons dans l'immédiateté, nous risquons de manquer totalement de nuances, de devenir le miroir de l'adolescent et de fonctionner, comme lui, suivant la loi du « tout ou rien ». Telle Madame M. qui, ne voyant pas son fils dans sa globalité, le perçoit, suivant les moments, ou tout bon ou tout mauvais. Tel aussi ce père furieux qui casse le bras de son fils de 15 ans parce qu'il vient encore de commettre un délit.

Quand nous ne nous accordons pas de délai pour réagir, nous pouvons nous conduire comme l'adolescent, qui veut pouvoir satisfaire tout de suite ses désirs, ses envies, ses impulsions.

Exemple : « J'en ai assez, dit une mère à propos de sa fille, elle ne fait jamais les choses lorsque je les demande. Il faut que je lui répète vingt fois de ranger ses affaires qui traînent dans la maison, avant d'obtenir satisfaction. »

La mère de cette jeune fille se situe dans l'immédiateté. Elle attend et exige que celle-ci s'adapte, évolue et change dès que cela lui est demandé.

Quand nous ne savons pas affronter des situations difficiles, quand nous sommes effrayés par des situations nouvelles, nous pouvons réagir comme l'adolescent, placé dans des situations similaires. Nous essayons, comme lui, de contourner ou d'éviter ces situations inhabituelles ou conflictuelles. Nous pouvons alors adopter des attitudes manipulatrices, d'indifférence ou de fuite.

Exemples : **Madame D.** dit qu'elle obtient tout ce qu'elle veut de son fils, âgé de 18 ans, par la douceur.

Un enseignant passe dans un couloir du lycée à côté de deux jeunes, qu'il ne connaît pas, et qui sont en train de se battre. Il détourne la tête pour ne pas les voir et poursuit son chemin.

Ces réactions mimétiques peuvent accentuer les attitudes et conduites excessives des adolescents, les troubler et perturber les échanges. En nous comportant d'une manière différente, en évitant de réagir comme l'adolescent, nous lui offrons le choix d'autres manières d'agir qu'il pourra s'approprier par la suite. Choix nécessaires pour l'adolescent qui a tendance à se conduire, dans une même situation, d'une manière invariante.

D'ailleurs, les adolescents attendent que nous nous conduisions à leur égard avec plus d'assurance et de fermeté. Ils nous demandent de leur poser des exigences et des limites claires et précises et de nous employer à les faire respecter avec calme, sans céder sous le poids de leurs récriminations. Ils testent notre capacité à affronter et à gérer les situations conflictuelles. Ils nous demandent de prendre le temps de comprendre les événements et les personnes afin de participer à la résolution des tensions.

CONSEILS

Comment faciliter votre communication future avec un adolescent

1. N'oubliez pas de le saluer quand vous vous adressez à lui pour la première fois de la journée.

2. Prenez le temps de vous intéresser à lui. Regardez-le ni trop furtivement, ni de manière trop insistante. N'exigez pas qu'il vous regarde dans les yeux lorsque vous lui parlez. Dans certaines cultures, les enfants et les adolescents doivent baisser les yeux lorsqu'un adulte leur parle.

3. Abandonnez progressivement les surnoms que vous lui attribuiez quand il était petit. Adaptez progressivement votre langage à ce qu'il semble pouvoir comprendre, sans donner l'impression de « condescendre » à vous mettre à son niveau.

4. Choisissez plutôt la forme interrogative pour lui demander quelque chose ou pour reformuler ce qu'il vient d'exprimer.

5. Évitez de lui donner des ordres, d'utiliser l'impératif, de crier, de parler trop vite, de montrer votre profond agacement ou d'être agressif. Il risque de se laisser contaminer par les émotions qui vous habitent et qu'il perçoit derrière votre regard, débit verbal, vos gestes...

6. Adressez-vous à lui le plus calmement possible. Mettez en mots ce que vous ressentez.

7. Ne soyez ni trop aimable ni trop indifférent. Manifestez de l'intérêt à l'égard de ce qu'il dit ou fait : prenez le temps d'écouter ce qu'il dit. Ne réagissez pas trop vite de manière émotionnelle ou moralisante.

8. Ne soyez pas trop troublé, déstabilisé, agacé par la manière dont l'adolescent peut interpréter ce que vous dites; notamment quand il ne comprend pas ou comprend tout autre chose que ce que vous avez dit. Ne cherchez pas à vous justifier, mais essayez de rendre votre message plus explicite, plus illustré, plus concret.

9. N'exigez pas que vos demandes soient immédiatement suivies d'effet. Laissez-lui la possibilité de vous dire spontanément « non », de discuter, de réfléchir et de choisir.

10. N'attendez pas qu'il reconnaisse verbalement que vous avez raison et qu'il a tort.

11. Acceptez d'en savoir de moins en moins sur lui au fur et à mesure qu'il grandit.

12. Ne cessez pas de communiquer avec un adolescent qui ne répond pas ou ne veut pas vous entendre. Continuez à lui parler, à dire paisiblement ce que vous souhaitez qu'il entende, en respectant les consignes ci-dessus (en particulier quand il vous affirme ou hurle « qu'il n'en a rien à faire de ce que vous dites »).

Cesser d'infantiliser l'adolescent

Nous ne sommes pas toujours attentifs à la manière dont nous parlons avec un jeune. Nous continuons à avoir à son égard les attentes qui étaient les nôtres lorsqu'il était enfant. Aussi sommes-nous surpris quand il se met à interroger notre autorité et nos déci-
…ement hostiles aux discours
…les obligent à des relations
…ls sont sensibles à la manière
…bien souvent, leur débit ver-
… quand ils se sentent recon-
…muniquent avec eux.

annuler ADT

…est

…moments, des attitudes et
…éré d'affirmer qu'il existe un
…portant à la fois sur les atti-
…sur le mode de fonctionne-
…s.

…écart entre les générations,
…**érance**. La tolérance consiste à admettre chez autrui une manière de penser ou de se conduire différente de celle que l'on adopte soi-même. Lorsque nous tolérons les adolescents tels qu'ils sont, nous leur reconnaissons une différence qui nous sépare les uns des autres. Dans un premier temps, il s'agit donc de percevoir et d'entendre ces différences avec lesquelles nous pouvons être en total désaccord. Cette tolérance peut produire en nous une souffrance quand nous ressentons de l'irritation, de l'agacement ou de l'aversion à l'égard de certaines des attitudes ou conduites pratiquées par quelques adolescents. Mais tolérer les adolescents tels qu'ils sont ne signifie pas tout accepter, ni fermer les yeux sur ce qui nous paraît contraire à nos idéaux ou à nos normes de jugement. Lorsque nous ne sommes pas d'accord avec certaines de leurs attitudes, conduites, opinions, nous devons leur exprimer notre désaccord, l'expliquer avec bienveillance en prenant le temps nécessaire, leur laisser du temps pour

La **tolérance** concerne les attitudes, les conduites, les opinions… Elle ne concerne pas les personnes car chaque être humain doit être respecté quelles que soient ses convictions, ses idées. La tolérance s'applique aux comportements qui s'inscrivent dans un cadre juste et légal. *Il n'y a pas à être tolérant envers les délits, les crimes et les conduites qui mettent en danger les biens et la vie de quiconque.* Note rédigée à partir de l'ouvrage *Tolérance j'écris ton nom*, publié par les éditions Saurat, UNESCO, 1995.

qu'ils s'autorisent à changer d'avis ou de comportement, et donc tolérer qu'ils ne modifient pas immédiatement leur manière d'être.

La tolérance est une attitude difficile qui se construit au fil du temps, en apprenant à se situer à une bonne distance de l'adolescent, entre le rejet et l'acceptation totale de ses comportements.

▶ Ne pas considérer trop vite l'adolesccent comme un adulte

Nos représentations sociales de l'enfant ou de l'adolescent ont changé au cours des dernières décennies sous la pression à la fois des sciences humaines et du secteur économique. L'enfant est reconnu comme une personne douée de raison. Il a des droits. Ses désirs sont pris en compte par ses éducateurs. Pour certains parents, enseignants, éducateurs, l'image de l'enfant ou de l'adolescent se confond parfois avec l'image de l'adulte. Or, l'adolescent n'est pas encore un adulte, il n'est plus tout à fait un enfant, il est parfois typiquement adolescent.

Bien souvent, les parents, enseignants, citoyens, etc., se représentent l'adolescent comme déjà adulte. Ils n'osent pas et ne se risquent pas à lui faire des propositions éducatives, pas plus qu'ils ne le feraient à l'égard d'un *alter ego* (ami, connaissance, collègue de travail…). Ils ne s'autorisent pas à l'accompagner, le guider, l'orienter vers un devenir adulte, tenant compte des exigences sociales, par peur de le traumatiser ou de ses réactions vives ou hostiles.

Or, l'adolescent a besoin, en face de lui, d'interlocuteurs adultes qui acceptent l'écart intergénérationnel qui les sépare.

EXERCICE

Vous représentez-vous l'adolescent comme déjà adulte ?

Lorsqu'il présente en société des comportements qui vous paraissent inadéquats, avez-vous tendance à penser qu'il fait ce qu'il fait en toute conscience et assume ses actes ?

Vous autorisez-vous à lui indiquer les attitudes et conduites qui sont attendues de sa part en telle ou telle circonstance ?

Pensez-vous que cette démarche éducative relève de votre compétence ?

Lorsque l'adolescent réagit vivement à vos remarques, êtes-vous mal à l'aise ?

Avez-vous l'impression de vous mêler de ce qui ne vous regarde pas ?

INFORMATION

Être trop près de l'adolescent	**Être trop loin**
• Ne rien accepter ou tout accepter de lui.	• Être totalement indifférent.
• S'adapter totalement à lui.	• Ne pas s'adapter du tout à lui.
• Poser trop de questions.	• Ne pas poser de questions du tout.
• Ne pas arriver à le lâcher.	• Le lâcher trop tôt et tout de suite.
• Vouloir tout savoir sur lui.	• Ne pas se mêler de ses affaires.
• Ne pas supporter de l'attendre.	• Ne jamais l'attendre.
• Ne pas pouvoir vivre sans lui.	• Ne pas se préoccuper de lui.

▶ Se situer à bonne distance

La recherche de la bonne distance relationnelle est un processus continu qui nécessite une mobilisation des capacités d'observation, de questionnement et de changement pour apprendre à se situer ni trop près de l'adolescent, ni trop loin de lui.

Cette bonne distance s'appuie sur l'autonomie dont le jeune va bénéficier progressivement et sur les responsabilités qu'il va prendre ou/et qui vont lui être confiées par d'autres. Lorsque les enfants grandissent, les relations avec les parents se modifient petit à petit d'une manière quasi radicale : les parents n'ont plus une totale visibilité de ce que fait le jeune, de ce qui se passe en lui. Ils vont apprendre à en savoir de moins en moins sur leur adolescent, à le voir de moins en moins souvent, à le laisser faire des expériences nouvelles et formatrices, sans lui laisser faire toutes les expériences possibles ; en particulier, celles portant atteintes à l'intégrité de sa personne.

Ils sont amenés à ignorer progressivement des pans entiers de la vie de leur adolescent car celui-ci a maintenant une vie privée, des secrets, des activités qui lui sont personnelles, des amis que ses parents ne connaissent pas. Ces derniers doivent aussi apprendre à attendre leur fils ou leur fille, sans cultiver angoisses ou peurs et sans se construire de véritables « tragédies » quand il ou elle est en retard. Ils doivent enfin s'habituer à supporter ses absences pour pouvoir continuer à vivre sans lui, et lui permettre de vivre sans eux.

Ces adaptations successives ne se font pas sans conflits et sans résistances. Aussi, chaque parent, chaque enseignant confronté, à un moment donné, aux difficultés relationnelles avec un adolescent, a tendance à se comparer à d'autres parents, à d'autres enseignants ; il imagine alors souvent qu'il est le seul, parmi les parents ou les enseignants, à rencontrer ces difficultés.

Exemple : « Mon fils m'assure que les parents de son copain sont des gens très calmes, qui ne se mettent jamais en colère. Et il me reproche de ne pas être comme eux... J'aimerais bien savoir comment ils font... Je ne dois pas savoir m'y prendre avec Tanguy ! » dit la mère du jeune homme à une de ses amies.

Les réflexions et le malaise de la mère de Tanguy sont liés à un sentiment de culpabilité (qui sourd en elle sans qu'elle s'en rende compte) de ne pas être un parent aussi parfait que celui qu'elle souhaiterait être. Et elle a la certitude que ce modèle idéal existe puisque son fils lui affirme qu'il a rencontré les parents dont il rêve.

Or, cet idéal parental ou éducatif est une pure illusion. Il n'y a pas de parents ni d'enseignants parfaits en dehors de notre imagination.

Il serait donc souhaitable que nous abandonnions cet idéal de perfection, que nous essayions d'en faire le deuil, pour nous accepter faillible avec nos imperfections et nos qualités.

Être parent, être enseignant, c'est être responsable de ses réussites, mais aussi de ses échecs sans se sentir dévalorisé, honteux ou coupable. C'est accepter l'« inconfort » psychique lié à l'écart intergénérationnel et qui conduit le parent à être poseur de limites pour protéger et contenir l'adolescent ; à être transmetteur des savoirs, savoir-faire et savoir-être pour permettre à l'adolescent de se conduire parmi les autres en tenant compte de son histoire familiale et du contexte social dans lequel il vit. C'est aussi reconnaître ses erreurs, gérer les moments difficiles et changer d'avis quand cela est nécessaire.

Cet état d'esprit leur permettra d'essayer d'obtenir des jeunes écoute, reconnaissance et obéissance sans avoir besoin de l'imposer par la force. Ils pourront ainsi exercer et assumer leur autorité d'une manière ferme et souple en se situant à bonne distance de l'autoritarisme et du laisser-aller.

chapitre

2

S'adapter pour communiquer

Les personnes qui côtoient les adolescents ont des réactions différentes suivant les jeunes qu'ils rencontrent.

Les attitudes des parents à l'égard de leurs fils ou de leurs filles sont chargées d'émotions et de sentiments. Elles varient avec l'âge de l'adolescent. Les parents sont, sans doute, plus tolérants à propos des revendications de liberté de leurs grands adolescents de 16-18 ans, et moins tolérants envers les mêmes demandes formulées par leurs enfants de 12 ans. De même, ils sont plus tolérants à l'égard des conduites excessives et des exigences de leur adolescent si celui-ci réussit scolairement. Les enseignants se sentent plus à l'aise avec des jeunes issus, comme eux, des classes moyennes et s'intéressant aux contenus scolaires. Les citoyens sont moins indifférents à l'égard des adolescents qu'ils côtoient dans la rue s'ils sont eux-mêmes parents ou grands-parents d'adolescents. Ils perçoivent les jeunes qu'ils rencontrent en fonction de leurs manières de percevoir leurs propres enfants ou petits-enfants. Ainsi, des parents ou des enseignants ayant des relations difficiles avec leurs enfants ou leurs élèves auront tendance à percevoir d'une manière négative les jeunes appartenant à cette classe d'âge.

Les réactions et les comportements des adolescents varient aussi d'un jeune à l'autre, d'un interlocuteur à l'autre. Il n'y a pas un seul profil typique de l'adolescent, comme il n'y a pas une seule forme d'adolescence. Aussi, des variations d'attitudes et de conduites s'observent-elles suivant les moments, l'âge du jeune, son histoire personnelle, selon le groupe social auquel sa famille appartient, son parcours scolaire, suivant qu'il s'autorise ou non à « entrer en adolescence », en fonction de la tolérance familiale, scolaire et sociale à l'égard des comportements typiquement adolescents...

COMMENT COMMUNIQUE L'ADOLESCENT ?

Chaque adolescent a une manière particulière de communiquer avec les autres. La communication typiquement adolescente diffère de la communication informative des adultes. Elle suit des voies spécifiques que les adultes ne connaissent pas toujours, ou qu'ils utilisent eux-mêmes, sans s'en rendre compte.

▶ Une communication verbale et non verbale

L'adolescent se laisse guider par ses impressions, son ressenti, ses pensées immédiates ou ses convictions pour entrer en relation avec les autres, réagir à ce qu'ils expriment, communiquer à son tour.

Exemple : Madame T., la mère de **Pierre**, rentre tard, les bras chargés de commissions. La table du dîner n'est pas encore dressée. Fatiguée et agacée, elle crie à travers l'appartement et en direction du jeune homme : « Pierre, viens mettre la table, nous allons dîner. » Celui-ci répond sur le même ton : « J'ai pas l'temps, j'révise un exam ! » La mère lui rappelle, toujours en criant, que c'est son tour ce soir. Le jeune homme surgit alors devant elle, le visage crispé : « J'ai pas qu'ça à faire ! Pourquoi c'est toujours à moi que tu l'demandes ? J'ai une sœur, que je sache ? » Madame T., surprise par la réflexion de Pierre, interrompt brutalement l'échange par un : « Ça suffit, tais-toi et obéis ! »

Comme chacun, l'adolescent est particulièrement sensible à la manière dont on lui parle. Il perçoit avec beaucoup d'acuité les émotions et les sentiments de son interlocuteur. Ceux-ci peuvent le gagner rapidement et accentuer ses propres réactions. L'adolescent mêle sans cesse ses émotions, affects, sensations, pulsions, désirs... à ses messages verbaux et non verbaux. Il parle aussi avec son corps, avec ses gestes, ses mimiques, ses intonations, ses attitudes, ses conduites...

Il modifie, au gré de ses impressions, son objectif et les règles usuelles qui régissent les échanges. Aussi surprend-il son interlocuteur ou le déstabilise-t-il par ses réactions inattendues. C'est le cas de la mère de Pierre qui n'avait pas prévu sa question finale, à laquelle elle a coupé court.

Avec un interlocuteur, l'adolescent ne communique pas seulement sur le contenu objectif du message (ici, mettre la table). Il peut répondre à un autre niveau en déplaçant sa communication. Alors, il répond « ailleurs » sans en avertir son interlocuteur : sur la manière dont il s'exprime ou sur la forme de son message. Ainsi, le refus de Pierre ne portait pas sur l'action demandée, mais sur l'ordre qui lui était donné, ou bien, aussi, sur les émotions exprimées par sa mère. Intonations agressives qui ne pouvaient s'adresser qu'à lui et qu'il ne pouvait pas tolérer.

L'adolescent peut aussi déplacer sa communication sur l'interlocuteur lui-même. Là aussi, il ne communiquera pas sur le contenu du message mais sur ce qu'il ressent à l'égard d'autrui.

Des échanges aux sens multiples

Non seulement l'adolescent utilise pour communiquer tout le répertoire verbal et non verbal dont il dispose, mais il multiplie parfois les messages, contradictoires, dans le cadre d'une même communication. De plus, ces messages peuvent être codés, en particulier lorsqu'il les exprime avec son corps, car l'adolescent ajoute souvent, à une communication informative, des éléments interactifs qui font irruption tout à coup en lui, ou qu'il exprime pour faire réagir l'adulte.

Pierre, dans l'exemple précédent, utilise verbalement la communication interactive pour exprimer ce qu'il ressent et ce qui le fait souffrir, c'est-à-dire un profond agacement par rapport à sa sœur et peut-être aussi par rapport à sa mère. Il a l'impression que cette dernière s'adresse trop souvent à lui, qu'elle est trop proche. Dans la communication interactive, les messages ne sont pas toujours à entendre d'une manière littérale, mais aussi au second degré. Les différents sens, sous-entendus, doivent être décodés par l'adulte car l'adolescent parle parfois sans prendre conscience du sens de ce qu'il dit. Pour approcher ces significations, le parent doit laisser ces paroles « travailler » en lui. Celles-ci feront « effet » à travers les différentes interprétations qu'il va découvrir au fur et à mesure de sa réflexion et qui lui permettront, éventuellement, de modifier certaines de ses attitudes à l'égard du jeune. Et il n'est pas toujours nécessaire de faire part des interprétations ainsi découvertes à l'adolescent lui-même. Lorsque des enseignants, en réunion, se risquent à ce type de travail sur la signification des comportements d'un élève, il est nécessaire qu'ils apprennent à accepter les différentes interprétations qui proviennent des différentes personnes présentes. Bien souvent, ils cherchent mutuellement à se convaincre du bien- fondé de leurs propres interprétations. Or, les uns et les autres ont raison. C'est à partir de la mise en commun de leurs interprétations multiples, et en dégageant un ou des fils conducteurs, qu'ils pourront chercher des réponses ou des solutions et les expérimenter par la suite auprès de cet élève.

Lorsque les adolescents émettent des messages contradictoires, nous avons tendance à penser qu'ils sont des girouettes ou qu'ils cherchent à nous provoquer. Parfois, ces messages contradictoires ne portent pas sur le même objet.

Exemple : **Julie** a refusé d'accompagner sa mère qui lui a proposé d'aller faire une visite à sa grand-mère. Mais la mère a insisté et Julie est allée chez sa grand-mère en bougonnant. Plus tard, en quittant sa grand-mère, Julie lui a dit combien elle a été contente de venir la voir.

La jeune fille exprime successivement un non-désir et un désir de rencontrer sa grand-mère. Mais son message a aussi une autre signification. Son refus ne se rapporte pas à sa grand-mère, mais à sa mère. En effet, la jeune fille ne refusait pas d'aller rendre visite à sa grand-mère, mais d'accéder à la demande de sa mère, l'acceptation de la demande maternelle étant confondue par Julie avec obéissance infantile.

Durant l'adolescence, certains jeunes refusent d'obéir aux ordres ou aux propositions par pur principe, pour se démarquer de l'enfance.

LA RECHERCHE DE L'INTERACTION AVEC L'ADULTE

L'adolescent est paradoxal en ce qu'il fuit la relation avec ses parents ou ses éducateurs, car il pense qu'il peut se passer d'eux, mais, dans le même temps, il recherche la relation avec eux. Il donne l'impression qu'il n'a rien à leur dire, qu'il ne veut surtout pas leur parler, mais il communique autrement avec eux : par des actes, avec son corps ou au travers de la relation.

Il communique en actes

L'adolescent peut parler avec son corps, poser des questions ou exprimer des affirmations à travers ses attitudes et ses conduites. Mais il attend que l'adulte réponde, lui, dans le registre verbal.

L'adolescent emploie cette communication corporelle, active et interactive parce qu'il investit massivement son corps ; celui-ci participe à la construction de sa propre individualité. Celui-ci

L'adolescent emploie cette communication corporelle parce qu'il investit massivement son corps (...) qui peut révéler sa personnalité tout entière.

occupe, à partir de la puberté, une place prépondérante dans le vécu de l'adolescent et devient un outil privilégié de communication avec les autres. Le corps de l'adolescent peut le représenter lui-même, révéler sa personnalité tout entière. L'adolescent est alors son corps ; celui-ci participe à la construction de sa propre individualité. Il va donc l'utiliser pour exprimer son identité, ses conflits internes, ses questionnements, ses peurs, ses angoisses, ses difficultés relationnelles avec les autres, son désir de se différencier de ses parents et des générations précédentes, son désir de s'intégrer dans sa classe d'âge… Cette communication non verbale se donne à voir et à entendre dans l'habillement de l'adolescent, sa coiffure, ses vêtements, ses comportements ou à travers ses **plaintes somatiques**.

De plus, le jeune doit s'adapter à ce corps, nouvel instrument de mesure et de référence pour lui. Non seulement l'image de son corps se modifie mais les rapports spatiaux avec lui-même, avec les autres et avec son environnement évoluent aussi. Il peut se sentir troublé et agacé par toutes ces modifications corporelles qu'il subit sans pouvoir les maîtriser. Il doit donc apprivoiser son corps qui change à un rythme rapide[1] et gérer les tensions, les excitations nouvelles qu'il ressent, notamment les pulsions sexuelles. Mais il peut avoir du mal à intégrer ces changements. Ce malaise se traduit par des comportements nouveaux qu'il expérimente, mais aussi par un sentiment de doute, d'inquiétude ou d'étrangeté **à propos de son corps, de son image, de son visage**. L'adolescent va essayer de répondre, en actes, à ces questions à travers des **conduites à risques**. Ces comportements lui permettent de faire, seul ou en groupe, des expériences excessives (parfois douloureuses) au cours desquelles il ressent des émotions, des sensations nouvelles, devient lui-même l'objet de ses **pulsions agressives**, teste les limites en transgressant les interdits et les règles, échappe enfin à la passivité ou à ses parents.

Le corps devient à la fois lieu de parole et moyen de parler. Ce type de communication est fréquent dans le cadre de groupes sous la responsabilité de moniteurs ou de responsables plus âgés.

Plaintes somatiques : fatigue, peur d'avoir contracté une maladie grave, douleurs concernant un organe vital, mais sans signes cliniques particuliers.

Ce **corps** est-il le sien ou appartient-il encore à ses parents ? Peut-il en faire ce qu'il veut ? Est-il immortel, infaillible ? Est-ce bien lui dont il voit l'image dans le miroir ? Qui est-il ? Est-il comme les autres ?…

Les **conduites à risques** sont toutes les conduites corporelles, sociales… au cours desquelles l'adolescent se met en danger. Ces conduites sont parfois valorisées par le groupe auquel il appartient, notamment les conduites délictueuses.

Pulsions agressives : l'adolescent agresse son corps quand il consomme des produits toxiques, se blesse au cours de pratiques sportives… ou stimule fortement ses sens, notamment son audition, avec un baladeur trop bruyant.

1. « L'adolescent est comme un aveugle qui se meut dans un univers dont les dimensions ont changé. » Haim A., *Les Suicides d'adolescents*, Paris, Payot, 1970.

Exemples : Au cours d'un camp d'été, de nombreux couples se sont spontanément formés au sein d'une équipe d'éclaireurs et d'éclaireuses. Les adolescents, privilégiant leurs relations amoureuses par rapport à la vie quotidienne du camp, ont posé des problèmes d'organisation aux responsables.

Dans un autre camp, des adolescentes répétaient à toutes les personnes qu'elles croisaient qu'une de leur camarade couchait avec tous les garçons.

Dans ces deux situations, les adolescents et les adolescentes ne posent explicitement aucune question aux responsables qui les encadrent. Pourtant, il s'agit bien d'une communication interactive dont les moniteurs ont rapidement pris conscience et qu'ils ont décodée.

Les responsables ont organisé des débats avec les adolescents des deux équipes. Dans le premier camp, ils ont évoqué les difficultés dues aux relations affectives qui débordaient d'une manière trop importante sur les activités du camp, répondant ainsi à une des questions exprimées en actes par les adolescents : « Comment gérer les relations entre garçons et filles ? »

Dans le second camp, ils ont signifié aux adolescentes qu'ils avaient entendu leur discours ou leur appel concernant la sexualité. Ces débats ponctuels ont, l'un et l'autre, débouché sur une discussion plus large portant sur l'amour, le corps, l'amitié, l'interruption volontaire de grossesse…

CONSEILS

Répondre en paroles à des adolescents qui communiquent en actes : le débat d'idées

1. Invitez chaque adolescent individuellement au débat.

2. Ne recherchez pas l'efficacité immédiate. Il ne s'agit pas de régler tout de suite le problème, cause du débat : prenez le temps d'aborder le sujet d'une manière plus générale. Le débat a pour fonction de stimuler une réflexion personnelle et non de rééduquer ou de normaliser.

3. Démarrez la discussion d'une manière agréable pour eux, si possible en partant d'un bref document qui touche leur sensibilité : chanson, images…

4. Acceptez qu'ils résistent à entrer dans le débat par le biais de moqueries, refus, provocations, passivité… Respectez leurs attitudes et paroles. Ne réagissez pas en retour d'une manière émotionnelle (agacement…).

5. Intéressez-vous à tout ce qu'ils disent, sans porter de jugement de valeur ; renvoyez-leur leurs questions et ne répondez pas à leur place.

6. Rendez les acteurs : permettez-leur de débattre entre eux et de faire des propositions.

▶ Il communique de manière défensive

Lorsque l'adolescent est troublé par les informations qui lui parviennent, il peut adopter des attitudes défensives dont la fonction est de le protéger, à court terme, d'une situation qu'il n'arrive pas pour le moment à gérer, à laquelle il ne peut s'adapter. Ces comportements permettent à l'adolescent d'éviter à la fois la remise en question de lui-même et de tenir compte des discours qui produisent en lui un certain malaise, voire le dérangent.

Cette communication défensive s'inscrit dans le registre magique, celui de l'illusion. Elle se manifeste de manières très diverses.

Exemple : La mère de **Matthieu** est agacée par le comportement de son fils qui ne supporte aucune remarque, aussi futile qu'elle soit. Dès qu'elle ouvre la bouche pour lui parler de son travail scolaire, de son avenir, de ses sorties, etc., l'adolescent exprime son exaspération par des soupirs ou de l'indifférence, en ne prêtant aucune attention aux propos de sa mère. Quelques fois, Matthieu s'en va, alors que sa mère est en plein milieu d'une phrase.

Toutes les personnes qui côtoient des adolescents connaissent parfois ces attitudes passives, indifférentes, ricanantes, voire hostiles lorsqu'elles parlent à ces jeunes ou leur demandent de faire quelque chose. Elles en ressentent un certain malaise car elles ont l'impression de s'adresser à des murs ou d'avoir à faire face à une forte opposition active ou passive. Elles vont donc s'employer à justifier leurs propos ou à argumenter leurs propositions – parfois sans résultats probants. Elles vont se sentir déstabilisées par les paroles ironiques ou narquoises que ces adolescents ne manquent pas d'ajouter, comme : « Ne vous fatiguez pas », « On n'en a rien à foutre »... quand elles essayent de les convaincre du bien-fondé de leurs démarches.

La mère de Matthieu pourrait ne pas prendre au pied de la lettre le comportement de son fils qui, manifestement troublé par ce qu'elle lui dit, adopte l'attitude inverse. Cette attitude ayant pour fonction de faire taire sa mère. Or, il s'agit ni de se taire, ni d'accentuer le trouble du jeune.

CONSEILS

Apprenez à repérer les attitudes défensives des adolescents. Elles se cachent derrière les attitudes, conduites et paroles d'évitement excessives en regard de la situation vécue.

Identifiez-les pour vous-même afin d'ajuster vos paroles et votre comportement.

Respectez ces défenses. Ne les « titillez » pas inutilement mais tenez-en compte avant de reprendre le cours de ce que vous êtes en train de dire ou de faire.

Ne contraignez pas, n'infantilisez pas l'adolescent. Si vous êtes enseignant, vous pouvez dire, par exemple : « Je vois bien que ce que je dis ou ce que je vous demande de faire ne vous intéresse pas, mais j'ai le devoir de le dire ou de le faire. Vous pouvez ne pas être d'accord, manquer d'intérêt... mais je vous demande de faire un effort pendant un certain temps. »

Il s'agit en effet d'amener l'adolescent, qui fonctionne suivant la loi « du tout ou rien », vers une position plus conflictuelle pour faire tenir ensemble, sans exclure l'une d'entre elles, les positions contraires qui l'habitent.

Ne vous laissez pas troubler, déstabiliser par ces réactions défensives. Tolérez-les, après les avoir « mises en paroles » avec bienveillance. Acceptez ensuite de parler ou d'agir devant

Il réduit l'autre au besoin qu'il en a

Dans certaines situations, les adultes se sentent agressés, blessés et se mettent en colère lorsqu'ils s'aperçoivent qu'ils ont été utilisés ou manipulés par des adolescents. Cette attitude, qui consiste à s'intéresser à quelqu'un, à être aimable avec lui lorsque l'on a besoin de lui et à l'ignorer dès que le besoin a cessé est fréquente chez les adolescents, bien qu'ils n'en aient pas toujours conscience.

Exemple : **Éliane**, 14 ans, ne salue plus ses parents. Elle ne leur dit ni bonjour ni bonsoir, et ne répond pas à leurs salutations. À la grande surprise de son père, un dimanche matin, Éliane est venue lui dire bonjour et l'embrasser sur les joues, ainsi qu'elle le faisait lorsqu'elle était plus jeune. Le père en a ressenti un certain contentement et il lui en a fait la remarque. Plus tard, dans le courant de la matinée, la jeune fille a demandé à son père un service. Il s'agissait de l'emmener en voiture chez un copain qui habitait trop loin pour qu'elle y aille par ses propres moyens. Le père l'a accompagnée et il est retourné la chercher en fin de journée. Le soir, au coucher, Éliane ignorait de nouveau son père.

Éliane connaît les attentes de son père en matière de règles de politesse. Elle les pratique d'ailleurs volontiers avec les autres membres de sa famille, mais pas avec ses parents, qui ne comprennent pas ce comportement et l'interprètent d'une manière négative. Une certaine tension émotionnelle existe entre eux à ce sujet; tension qui perturbe les échanges. En la faisant disparaître, Éliane a pu communiquer avec son père. Elle montre ainsi qu'elle connaît parfaitement les règles de la communication efficace quand elle en a besoin. Mais, vivant dans l'instant présent, elle ne se rend pas compte qu'elle renforce ainsi chez ses parents une attitude d'hostilité et de méfiance à son égard. L'expérience lui servira vraisemblablement de leçon.

Contrairement à ce que nous imaginons, il ne s'agit pas obligatoirement ici d'une conduite manipulatrice. À partir de l'adolescence, garçons et filles ne peuvent plus avoir, à l'égard de leurs parents, la même proximité ni les mêmes comportements affectueux.

La puberté gomme la différence sexuelle physiologique séparant les adolescents de leurs parents et rend la menace d'inceste possible en ravivant le **conflit œdipien**. La résurgence de cette problématique inconsciente de la petite enfance est productrice de peurs et d'angoisses, auxquelles certains adolescents réagissent d'une manière défensive par l'évitement ou l'agressivité. Ils peuvent être amenés à fuir le contact corporel et parfois spatial avec leurs parents. Éliane refuse de s'approcher de ses parents pour les embrasser. Certains adolescents se disent énervés par leur mère quand celle-ci leur demande trop souvent quelque chose. Des adolescentes ne veulent plus **partager un repas** avec leurs parents car ceux-ci font du bruit en mangeant. D'autres ne supportent même plus d'être dans la même pièce que leur père ou leur mère.

La présence physique des parents devient donc source de tension et d'excitation. D'ailleurs, plus les parents sont proches et aimés par leurs adolescents, plus le malaise est grand; alors que, dans l'enfance, plus les parents sont proches, plus l'enfant se sent apaisé, réconforté. Cette inversion de l'effet de la proximité parentale à partir de l'adolescence trouble les parents qui se perçoivent toujours, quel que soit l'âge de leurs enfants, sécurisants, apaisants, rassurants, protecteurs. Ce malaise conduit les adolescents à se mettre physiquement à distance de leurs parents. Mais leur désir porte essentiellement sur la séparation psychique. Ils veulent se sin-

Le complexe d'Œdipe fait suite au sentiment de complétude idéale qui s'installe entre le parent et l'enfant de sexe opposé et au grand intérêt que le petit enfant exprime pour le parent de même sexe. Le petit garçon voudrait à la fois être l'objet du désir de sa mère et devenir comme son père. C'est de la prise de conscience de ces deux attachements que naît le complexe d'Œdipe quand l'enfant découvre que le parent du même sexe lui barre le chemin vers l'autre parent et, de ce fait, il entre en rivalité avec lui.

Lorsque les relations entre l'adolescent et ses parents se resexualisent, le temps du **repas** devient un lieu sexualisé puisque l'on y donne satisfaction, en famille, à la pulsion orale. L'adolescent, troublé par la dimension présexuelle du repas et la proximité avec ses parents, s'en défend par la fuite.

CONSEILS

Comment vous comporter face aux conduites d'évitement

1. Intéressez-vous aux différents sens possibles de ces conduites : prenez le temps d'en parler avec d'autres personnes (parents, amis, collègues...). Vous pouvez aussi rejoindre un groupe de paroles[1].

2. Essayez de percevoir le registre dans lequel s'inscrit ladite conduite. Si elle est défensive, cela signifie que l'adolescent ne peut pas s'adapter pour le moment à la situation. Il utilise son énergie pour se protéger car il n'arrive pas à gérer ce qu'il ressent. Ne bousculez pas trop vivement ses défenses.

3. N'interprétez pas ces comportements dans le registre moral, affectif ou social. Par exemple, ce n'est pas parce qu'il est agressif avec vous en ce moment qu'il est méchant, qu'il ne vous aime plus ou qu'il est mal élevé !

1. Ces groupes de paroles se constituent autour d'un animateur, dans des cadres très divers : maisons de quartier, établissements scolaires... Parler fait du bien, permet de s'observer après coup, facilite la compréhension de certaines situations difficiles. De plus, au contact des autres, on apprend à relativiser ce que l'on vit. Cela soulage et rassure lorsque l'on entend que d'autres se débattent dans les mêmes problèmes, vivent les mêmes conflits et recherchent des réponses aux interrogations que l'on se pose soi-même.

gulariser et prendre leur autonomie par rapport aux figures parentales, mais ils sentent (parfois à leur corps défendant) qu'ils ont encore besoin de leurs géniteurs, sans s'apercevoir du caractère paradoxal de ce désir.

▶ Il teste l'adulte

L'adolescent cherche à s'éloigner de ses parents, mais il souhaite, dans le même temps, l'interaction avec eux. Il les provoque et passe par le conflit pour entrer en contact et en relation avec eux.

Il choisit ce mode de communication pour tenter de maîtriser la relation avec les adultes car il a lui-même terriblement peur d'être manipulé : il manipule pour ne pas être manipulé.

Exemple : **Jean-Luc** vient de se disputer violemment avec sa mère à propos d'une sortie nocturne, puis il lui dit : « Je ne comprends pas, j'ai toujours des problèmes avec toi ! Mes copains n'ont pas tous ces conflits avec leurs parents. Eux, au moins, ils sont contents de rentrer chez eux ! »

Jean-Luc fait partie de ces jeunes qui ne peuvent supporter certaines frustrations. Et n'obtenant pas ce qu'ils désirent par les voies du dialogue ou de la persuasion, ils utilisent l'arme de la manipula-

Les **failles** représentent les points de faiblesse psychologique que chaque individu porte en lui-même. La personne qui a peur des conflits, par exemple, peut être déstabilisée lorsqu'elle se trouve dans une situation conflictuelle.

tion. Ils observent leurs parents et connaissent leurs **failles** psychiques. Jean-Luc veut amener sa mère à douter de la décision éducative qu'elle vient de prendre et qui ne correspond pas à celle qu'il attend. Cette stratégie est fréquemment utilisée par les jeunes pour déstabiliser les parents qui doutent sans arrêt de leurs choix éducatifs. Par manque de discours et de normes communs, chaque éducateur est obligé d'élaborer lui-même, seul, les attitudes et les conduites éducatives appropriées à la situation vécue, face à l'adolescent ou aux adolescents dont il a la charge. Cette solitude l'amène à s'interroger constamment sur ses choix et ses décisions ; parfois, il ne sait plus que faire. Aussi, ses conduites éducatives peuvent-elles varier d'un moment à l'autre, quand elles sont décidées dans la précipitation ou sous la forte influence des adolescents.

Des adolescents utilisent aussi cette stratégie quand ils s'aperçoivent que leurs parents ont des positions divergentes sur les conduites éducatives à tenir à leur égard. Dans un premier temps, ils vont tester la manière dont leurs parents gèrent entre eux ces oppositions.

Exemple : Lorsque **Ludovic** a besoin d'argent ou désire faire une sortie nocturne, il formule sa demande à son père qui y répond volontiers favorablement. La mère ne partage pas la grande liberté que son mari laisse à son fils, mais elle a pris le parti de ne rien dire car son mari lui reproche d'être trop craintive et de ne pas savoir s'y prendre avec Ludovic. Mais lorsqu'elle en parle avec des amis, elle manifeste son inquiétude à l'égard de son fils et une certaine colère à l'égard de son mari.

La mère de Ludovic a adopté une attitude d'évitement pour ne pas entrer en conflit actif avec son mari, homme autoritaire qui la domine en la disqualifiant dans son rôle maternel. Ludovic a bien compris le rapport de pouvoir qui existait entre ses parents et qui lui est favorable pour le moment. Mais la situation risque de devenir conflictuelle entre ses parents si la mère s'autorise un jour à donner son avis et à insister pour qu'il soit pris en compte. Il sera nécessaire alors que les parents arrivent à négocier entre eux les réponses à apporter aux différentes demandes de leur fils, avant de négocier directement avec le jeune homme. Il est nécessaire que les parents trouvent un consensus, un aménagement qui tienne compte de la position de l'un et de l'autre. Et lorsque les positions sont très éloignées et les parents accrochés à leur position initiale, il est souhaitable que l'un et l'autre ne se disqualifient pas mutuellement, en particulier devant l'adolescent. Lorsque ni l'un ni l'autre ne veulent aménager leur avis ou en changer, chaque parent peut, à tour de rôle, pour une durée fixée entre eux, devenir le référent du jeune durant cette période.

Les enseignants dans leurs classes, les moniteurs dans leurs groupes de jeunes sont aussi testés par les adolescents. Ceux-ci les interrogent sur leurs capacités à diriger un groupe, à faire face aux difficultés : Peut-on vous faire confiance ? Croyez-vous en ce que vous faites... ? disent-ils en actes, à travers leurs insolences ou leur indifférence. Ils parlent alors en même temps que leur enseignant (ou responsable), contestent l'activité que celui-ci leur propose, refusent de sortir leurs affaires pour travailler ou de faire l'activité demandée, se moquent de son habillement, soupirent ou adoptent une attitude de totale passivité.

Exemple : Dans une classe de 1re scientifique particulièrement agitée, le professeur pense calmer les tensions en demandant à l'un des élèves les plus excités de sortir. Celui-ci refuse. L'enseignant demande alors au délégué de la classe d'accompagner cet élève chez le conseiller d'éducation. Le délégué refuse. Le professeur annonce une sanction à la suite de ce refus d'obéissance, puis essaie de reprendre son cours là où il l'avait laissé.

Les adolescents interrogent sans doute plus souvent aujourd'hui l'autorité de leurs enseignants. Ils ne leur reconnaissent plus spontanément une autorité naturelle, liée au statut d'adulte et à leur fonction. Les écarts culturels entre les jeunes et les moins jeunes se sont considérablement réduits depuis les mouvements des années soixante. La culture originale revendiquée par les jeunes d'alors fait désormais partie du patrimoine de toutes les générations : « La liberté sexuelle, le droit à la parole, les formes d'expression dans lesquelles la vie privée et la vie politique se mêlent profondément sont des valeurs reconnues par tous[1]. » Ne pouvant se fier à l'âge de leurs

1. Conférence générale de l'UNESCO, 21e session, 1981.

INFORMATION

Les différents objets et significations possibles du refus

Le professeur demande à un élève agité de sortir de la classe, mais celui-ci refuse. Ce refus peut porter sur :

1 – le professeur lui-même : « Vous êtes-vous aperçu qu'entre vous et moi, ça n'allait pas ? » ou « Comment allez-vous vous sortir de cette situation ? »

2 – la demande : « De quel droit me donnez-vous des ordres ? »

3 – la sanction : « Pourquoi est-ce moi seulement que vous sanctionnez ? »

4 – les élèves : « Je vais passer pour quoi aux yeux des autres si je vous obéis ? »

5 – lui-même : « Je n'ai pas envie de bouger. »

6 – la manière dont le professeur s'adresse à lui : « Pourquoi me parlez-vous d'une manière agressive ? »

interlocuteurs pour les classer parmi les adultes, les jeunes apprennent à différencier les parents ou les enseignants, devenus adultes, des parents ou des enseignants restés adolescents en les questionnant sur leurs capacités à gérer les situations, à contenir les excès des adolescents sans se laisser déstabiliser par eux. La reconnaissance de l'autorité se construit alors dans une relation au cours de laquelle les adolescents testent leurs aînés. Tests que les enseignants et les parents ont à percevoir pour ne pas s'y laisser prendre et risquer de mettre leur autorité en jeu dans le cadre d'un rapport de force dont ils ne sortiront pas obligatoirement vainqueurs.

Il ne faut pas attendre une obéissance automatique et aveugle de la part d'un adolescent, mais plutôt lui permettre de contester par la parole, dans le cadre d'un dialogue, les ordres qui lui sont donnés afin qu'il en comprenne la signification. De plus, la contestation d'une règle ou le refus d'obéissance de la part d'un adolescent peuvent être chargés de sens multiples. Il n'est pas inutile d'essayer de les décoder pour accompagner ensuite l'adolescent dans sa réflexion par rapport à son acte.

Le dialogue est donc essentiel, dans le cadre d'une relation individuelle entre le jeune et l'adulte, à un moment fixé par celui-ci. En annonçant immédiatement une sanction, le professeur révèle qu'il est démuni et qu'il n'a pas d'autres propositions à faire. Il se prive aussi de l'occasion de discuter avec le jeune de ce qui s'est passé et des sens de son acte. Discussion qui pourrait permettre à l'adolescent de reconnaître l'autorité de l'adulte, à condition que l'enseignant ne soit ni rigide, ni hostile, ni indifférent à son égard. En effet, l'adolescent est souvent prêt à accepter l'autorité d'un adulte quand il s'aperçoit que celui-ci sait l'écouter, tient compte de ce qu'il dit, qu'il n'est pas déstabilisé par la contestation mais peut en discuter calmement, qu'il ne se réfugie pas derrière une attitude autoritaire agressive ou ne refuse pas de modifier son avis…

RÉSUMÉ

Quelles sont les représentations sociales de l'autorité pour les adolescents ?

La personne dont l'autorité est reconnue par des adolescents se différencie des adolescents eux-mêmes par ses attitudes, conduites, paroles. Elle ne cherche pas à ressembler aux adolescents, ni à se comporter comme eux.

L'écart intergénérationnel est visible.

La personne qui fait autorité sur des adolescents présente certaines qualités. Ces qualités s'appuient sur une relation existante, dans laquelle la question de l'amour est bien souvent interrogée.

Les qualités vont être testées par les adolescents, individuellement ou en groupe. La personne qui fait autorité sur des adolescents est respectueuse des jeunes, à leur écoute, attentive ; fixant des limites claires et explicites auxquelles elle se soumet elle-même ; capable de fermeté, juste dans ses décisions, ne se laissant pas déstabiliser par les comportements provocateurs, sachant sanctionner sans humilier ; fiable, compétente, intéressante sur le plan professionnel ; capable de s'adapter aux adolescents qu'elle a sous les yeux, d'ajuster ses exigences…

Les représentations de l'autorité sont assez proches des représentations que les adolescents se font des adultes : des personnes qui acceptent l'opposition, la confrontation, sans être démolies et sans devenir violentes en retour. L'adulte ne sera ni trop inconsistant, inexistant ou malléable, ni trop inaccessible, rigide ou dur comme du béton. Il saura associer harmonieusement dialogue et exigences, souplesse et fermeté…

Enfin, il ne faut pas attendre que les adolescents reconnaissent et remercient les adultes de l'autorité qui se dégage de leur personne.

Certains adolescents fonctionnent de manière paradoxale : ils jubilent de « faire ce qu'ils veulent » de telle ou telle personne (enseignant, éducateur, parent) et, dans le même temps, ressentent à son égard un profond mépris : « Elle est nulle, celle-là ! »

LA COMMUNICATION PAR LA PAROLE

Adultes et jeunes se plaignent parfois mutuellement de leur difficultés de communication les uns avec les autres. Ils ne peuvent pas discuter ensemble quand ils veulent chacun avoir le dernier mot, quand l'un n'écoute pas l'autre ou quand ils ne se comprennent pas.

Le dialogue ne se déroule donc pas toujours comme chacun le désirerait. Mais si la communication n'est pas toujours satisfaisante, elle est cependant plus que nécessaire.

Les adolescents communiquent avec des personnes nouvelles qui appartiennent au monde des adultes dès qu'ils commencent à s'éloigner de leurs parents. Les moniteurs ou responsables de groupes d'adolescents peuvent devenir leurs interlocuteurs privilégiés. Ils peuvent établir avec ces responsables une communication vraiment personnalisée au cours de laquelle ils parlent de ce qu'ils vivent, des questions essentielles qu'ils se posent, de leurs peines de cœur, des difficultés qu'ils rencontrent.

Exemple : Au cours d'un camp d'été, **Matthieu**, en train de faire la vaisselle avec son responsable, s'adresse subitement à lui en ces termes : « J'ai envie de fuguer. Si je le fais, est-ce que tu m'accueilles chez toi ? »

Quand les adolescents expriment à haute voix ce type de questions, il n'est pas nécessaire d'y répondre trop rapidement et à leur place, car ce sont des questions qu'ils se posent souvent à eux-mêmes (tout en la posant à un autre). D'ailleurs, ils risquent d'être déçus par une réaction trop prompte puisqu'ils souhaitent entendre une réponse conforme à leurs attentes. Certes, l'interlocuteur peut, après avoir engagé l'adolescent à réfléchir par lui-même, lui apporter quelques conseils, mais ce n'est pas la fonction de ce type d'interrogation car l'adolescent est parfaitement capable de « travailler par lui-même ». Il a seulement besoin d'être accompagné, soutenu, contenu et protégé durant ce travail.

Les adolescents peuvent aussi communiquer avec des personnes qu'ils croisent et qu'ils ne connaissent pas. Dans les grandes agglomérations urbaines où les individus se côtoient sans se voir, les adolescents peuvent spontanément saluer un passant qui les regarde. Certains, à travers des attitudes ou des conduites bruyantes et excessives, essaient d'attirer l'attention sur eux et de faire réagir ceux qu'ils rencontrent : ils cherchent le regard et le dialogue avec l'autre et rencontrent souvent l'indifférence sociale.

Exemple[1] **:** Dans une HLM de banlieue, une femme sort de chez elle pour aller faire une course. Des jeunes, assis dans l'escalier, lui lancent : « Vous ne pourrez plus rentrer chez vous. » Revenue au pied de l'escalier, les jeunes réaffirment leur position. Elle ne fait pas le poids, pas question de les affronter physiquement. Alors, elle s'assied et discute avec eux. Au bout de deux heures, ils la laissent rentrer chez elle...

La demande de communication de ces jeunes n'est certainement pas récente. Mais ils n'ont jamais dû la formuler explicitement. Elle devait se donner à voir dans certaines de leurs conduites interactives, notamment quand ils barraient la sortie de l'immeuble, obligeant les habitants à passer parmi eux; ces locataires, effrayés par les groupes désœuvrés, étaient alors peu disposés à décoder le sens de leurs communications non verbales.

Une demande de communication contradictoire

Tiraillés entre le désir de s'éloigner et le besoin des parents, le désir de se différencier d'eux et le besoin de leur ressembler, le désir de parler et la peur de le faire, les adolescents élaborent une communication qui oscille telle un Yo-Yo. L'adolescent désire être entendu et compris par ses proches. Il exprime souvent un vif désir de parler, mais il a peur de le faire. Il peut aussi se plaindre d'avoir des parents qui ne le comprennent pas ou leur reprocher de ne pas savoir l'écouter, mais continuer à vouloir discuter avec eux.

Exemple : **Élise** se souvient de ses hésitations, de ses replis, de ses regrets lorsque, adolescente, elle ressentait à la fois un vif désir de discuter avec sa mère et la crainte de cet échange. Oscillant de l'un à l'autre sans pouvoir se décider, Élise fuyait les occasions que sa mère lui proposait pour regretter amèrement ensuite de ne pas leur avoir donné suite.

1. Exemple emprunté à Hervé Ott et cité dans le journal *Réforme*, n° 2769, 7-13 mai 1998.

Élise recherchait le dialogue. Mais, dans le même temps, elle craignait ou évitait ces échanges car elle avait peur de se dévoiler et d'être dévoilée : de révéler, à elle-même et à sa mère, ses fragilités et, peut-être, de ne pas pouvoir gérer ce qui allait être dit. Parler à quelqu'un implique une certaine confiance à son égard et l'adolescente hésitait à accorder cette confiance à sa mère.

Parfois, l'adolescent ne supporte plus certaines manières de se conduire de ses parents, mais il s'aperçoit, ou on lui fait remarquer, que, par moments, il se conduit comme eux. Ce constat l'agace et il devient hostile à lui-même, quand il se voit « comme » ceux dont il cherche à s'éloigner. Il peut alors contredire (en paroles ou en actes) ses parents lorsqu'ils s'expriment ou adopter systématiquement des points de vue opposés. Il peut multiplier les rencontres en dehors de son milieu familial et social, pour diversifier ses identifications, et pour faire l'expérience d'autres manières de vivre, ailleurs, parfois à l'opposé des modèles culturels et moraux de sa famille. Il agace alors sa mère parce qu'il lui coupe sans cesse la parole pour la contredire sans raison ou inquiète ses parents par ses fréquentations marginales. À travers ces conduites, l'adolescent révèle une attitude paradoxale à l'égard de ses parents. Il exprime un net besoin de se différencier de son père et de sa mère, tout en s'identifiant à eux.

Ces discours contradictoires, ces rencontres et expériences nouvelles vont permettre à l'adolescent de choisir ensuite, librement et par lui-même, ce qu'il veut être, et de se constituer son propre patrimoine d'identifications. L'adolescent découvrira peu à peu que, pour que ses identifications soient stables, il est nécessaire qu'elles soient conformes aux modèles identificatoires en vigueur dans sa famille, qu'elles se réfèrent au système de valeurs dans lequel il a été élevé durant son enfance. Après avoir repoussé les modèles familiaux, l'adolescent revient souvent vers ses références initiales, dès qu'il sort de l'adolescence. Mais il les réaménage progressivement en tenant compte des différentes expériences qu'il a faites au cours de cette période.

L'IMPORTANCE DE LA COMMUNICATION NON VERBALE

Au cours de l'adolescence, les relations entre les adolescents et leurs parents vont être remaniées en profondeur, mais cette évolution ne peut se faire que dans un contexte de permanence. Face aux brusques changements qui déstabilisent les jeunes, ceux-ci ont besoin de trouver, auprès de leurs parents, un refuge sécurisant qui leur apportera continuité et stabilité. Il s'agit alors, pour chaque parent, de se différencier de son adolescent pour ne pas communiquer de la même manière que lui, pour ne pas prendre au premier degré les messages émis par le jeune et pour ne pas les interpréter de manière émotionnelle.

Exemple : « Je voudrais aller m'acheter moi-même mon survêtement, dit Fabien, qui vient d'avoir 15 ans, et qui insiste pour se rendre seul dans le magasin.

– Fais comme tu veux, finit par lui répondre sa mère, agacée.

– Peux-tu m'emmener au magasin ? demande Fabien quelque temps plus tard.

– Mais je croyais que tu voulais te débrouiller tout seul, répond la mère, irritée.

– C'est impossible, ajoute le garçon, tu sais bien qu'il n'y a pas de moyen de transport pour se rendre au centre commercial et je n'ai pas de scooter !

– Il faudrait savoir ! conclut la mère, si tu veux l'acheter tout seul, tu te débrouilles tout seul ! »

La difficulté de communication entre la mère et le fils repose ici sur le fait que la mère ne veut pas entendre ce que lui dit son fils. Pour des raisons affectives qu'elle n'a pas perçues au moment de l'échange, la mère de Fabien se met à communiquer avec son fils de la même manière qu'un adolescent. Troublée par l'autonomie ponctuelle que son fils lui demande, et à laquelle elle ne s'est pas préparée, la mère de Fabien n'entend qu'une partie du message et l'interprète d'une manière littérale suivant la loi du « tout ou rien ». Là où Fabien exprime un souhait d'autonomie relative, elle entend « indépendance totale ». Elle ne répond pas sur le contenu du message, mais elle communique sur la relation. Elle lui dit d'une manière à peine codée qu'elle ne veut pas qu'il s'éloigne d'elle.

CONSEILS

Analyse d'un échange verbal difficile avec un adolescent

1. Remémorez-vous cet échange sans réactions vives et émotionnelles.

2. Déterminez le sens de ce qui vous a dérangé durant cet échange, et reparlez-en avec lui calmement, ultérieurement.

3. Formulez sur ce jeune une appréciation nuancée, ni trop bonne, ni trop mauvaise.

4. Acceptez que vos relations avec lui changent progressivement et tolérez qu'il fasse certaines expériences nouvelles.

5. Autorisez-vous à changer d'avis sur ce jeune.

Être attentif à lui

Souvent, les adultes communiquent avec les adolescents suivant les règles usuelles régissant les échanges et ne s'adaptent pas à ces interlocuteurs particuliers. Privilégiant le contenu, les informations et les demandes à transmettre, ils se soucient peu de la manière dont les adolescents les reçoivent.

Le monde de l'économie se montre, quant à lui, depuis plusieurs années, plus attentif que les éducateurs à la qualité de communication avec les jeunes, en particulier dans les surfaces de vente. Les commerçants ou les vendeurs ont appris à s'adapter à ces différents interlocuteurs, tous clients potentiels. En général, les adolescents-clients sont courtois avec les vendeurs et adaptés à la situation commerciale dont ils acceptent les règles. Mais leurs attitudes diffèrent cependant de celles de la population générale car la relation qu'ils établissent avec les vendeurs, à propos de certains produits, dépasse parfois le cadre purement commercial.

Exemple : **Brice** vient régulièrement au rayon informatique très développé de la grande surface qui est proche de chez lui. Il connaît bien les produits et aime discuter avec les vendeurs pour échanger avec eux des informations techniques et pratiques, découvrir les nouveautés et discuter de leur intérêt commun.

Brice apprécie d'avoir en face de lui de véritables interlocuteurs qui le considèrent comme une personne digne d'intérêt et qui sont capables de dépister ses attentes. Certains d'entre eux partagent sa motivation, discutent d'égal à égal avec lui, s'impliquent rapidement dans la relation. Afin que ces échanges se réalisent d'une manière satisfaisante pour les jeunes, les vendeurs ne se limitent pas au cadre d'une relation purement commerciale informative mais y ajoutent des éléments émotionnels, voire relationnels.

La disponibilité d'esprit et la connaissance de l'univers adolescent associées à une certaine **capacité d'empathie** peuvent permettre aux adultes de modifier leurs manières de communiquer aux jeunes des messages, que ceux-ci qualifient d'inintéressants ou d'inutiles.

La **capacité d'empathie** est la capacité de s'identifier à autrui en imaginant ce qu'il ressent.

L'adolescent se situe parfois dans une relation utilitaire aux savoirs qui lui sont transmis par ses parents, ses enseignants... Il intègre volontiers les informations qui correspondent à ses intérêts du moment, ou qui lui sont – ou lui seront – utiles. Face aux autres connaissances, il présente souvent une attitude d'indifférence ou d'ennui quand il ne perçoit pas, ne comprend pas « à quoi elles peuvent lui servir » ; notamment certains savoirs littéraires, philosophiques, ou ayant trait à la spiritualité. De plus, sa motivation naturelle est souvent fugace et il a parfois du mal à se mobiliser et à soutenir son attention durablement sur un même sujet.

CONSEILS

Comment transmettre aux adolescents des messages difficiles, déplaisants, ennuyeux, inutiles pour eux ?

Repérez les messages susceptibles de produire chez les adolescents des réactions d'ennui, de malaise, d'hostilité, de rejet...

Essayez d'apprendre à transmettre ces informations de manière plus attrayante : sous forme ludique, humoristique...

Si cela n'est pas possible, informez préalablement les adolescents de ce qu'ils vont peut-être ressentir et indiquez-leur les savoir-être et savoir-faire nécessaires pour arriver à s'intéresser ou à faire quelque chose que l'on n'a pas envie de faire.

Repérez les savoir-être et les savoir-faire que vous utilisez vous-même lorsque vous devez vous mettre à un travail inintéressant, entreprendre une activité que vous détestez...

Ce repérage peut se faire dans le cadre de groupes (groupes de parents, d'enseignants...). Il consiste à mettre en commun les stratégies que chacun a élaboré au fur et à mesure des situations rencontrées à partir de questions concrètes : comment est-ce que je procède quand je dois faire quelque chose qui me déplaît ? Qu'est-ce que je me dis intérieurement ? Qu'est-ce qui se passe en moi et qu'est-ce que je fais quand je dois attendre pour faire quelque chose et que je suis pressé ? ...Quand je dois faire un effort et que je suis fatigué ? ...Quand je dois rester calme et que je suis très énervé ?...

En ce qui concerne les messages que les adolescents jugent inutiles, il serait souhaitable que les parents, enseignants, éducateurs... puissent apporter aux jeunes des pistes de réflexion sur le sens profond de ces messages, en y ayant réfléchi préalablement : comment tel message participe-t-il à la construction psychique, sociale, culturelle, spirituelle des adolescents ?

Les personnes qui assurent l'enseignement religieux des adolescents dans le cadre des établissements scolaires confessionnels ou des églises chrétiennes sont souvent confrontées à l'indifférence des adolescents ou à une certaine hostilité face au contenu de ce qu'elles enseignent.

Exemple : **Arnaud**, 12 ans, se rend au catéchisme tous les mercredis après-midi parce que ses parents le lui imposent. Mais il aime bien y retrouver quelques copains avec lesquels il rigole bien. Il se fait souvent gronder, parce qu'il fait du bruit et dérange le groupe, et il attend qu'on le renvoie chez lui. Cependant, il y va chaque semaine, en bougonnant.

Son indiscipline, ses insolences mais sa présence régulière, révèlent les résistances d'Arnaud face à un enseignement qui peut le troubler. Pris dans une contradiction, entre un désir de savoir et un refus d'entendre, Arnaud vient mais ne semble pas écouter. L'animateur du groupe doit pouvoir tolérer ces défenses dès qu'il en a saisi le sens. Parallèlement, il peut essayer d'attirer l'attention d'Arnaud, de le motiver en reliant étroitement le contenu de son enseignement avec le vécu de l'adolescent. Le texte biblique se prête à cette approche. Il est une importante source d'expériences humaines. Il peut participer, comme d'autres textes littéraires ou philosophiques ou certains films, à la construction psychique de l'adolescent en l'interrogeant sur lui-même, en lui ouvrant des pistes de réflexion et en lui offrant des outils pour répondre à ses interrogations, souvent inconscientes, sur l'être humain. En effet, l'adolescent vulnérable et fragile cherche des réponses aux questions essentielles qu'il se pose. Mais, au début de l'adolescence, il a du mal à formuler verbalement ses interrogations. Les différents textes dont il vient d'être question ici peuvent éveiller et stimuler cette réflexion à condition qu'ils soient entendus dans leur dimension signifiante, et dans la multiplicité des sens possibles.

▶ Créer un climat favorable aux échanges

L'adolescent accorde une grande importance à la communication non verbale, parfois aux dépens de la communication verbale. Il décode les gestes, les postures, les positions de son interlocuteur comme il décode le langage verbal, et ces échanges non verbaux participent à la réception de l'information ; l'adolescent peut même ne s'intéresser qu'à ceux-là. Il est donc nécessaire que ces messages émis par les adultes ne soient pas en contradiction avec leurs messages verbaux ; et qu'ils ne soient pas porteurs d'informations pouvant troubler l'adolescent. Par exemple, si la communication non verbale avec les enfants passe souvent par le toucher à la fois sensuel (câlins, baisers...) et tactile (tenir un enfant par la main), ce mode de communication change, évolue au cours de l'adolescence. Il est important de repérer ce que l'adolescent peut ou ne peut pas supporter (et ce que nous pouvons, nous, supporter de lui) car il n'est pas nécessaire de le mettre immédiatement mal à l'aise dès le premier contact. Les attitudes de l'adulte peuvent ne pas avoir la même signification pour l'adolescent. S'avancer trop près d'un jeune peut le troubler sur le plan émotionnel. Lui prendre le bras sans le lâcher tandis qu'on lui parle, faire de grands gestes peuvent être perçus par l'adolescent comme une tentative de maîtrise à son égard. Lui parler du haut d'une estrade, s'éloigner de lui le plus possible tandis qu'il parle peuvent être interprétés comme des réactions de peur. Ainsi, la position corporelle du parent ou de l'enseignant peut être insupportable pour l'adolescent ou être perçue comme une menace contre laquelle il se protégera immédiatement en devenant hermétique ou hostile à la communication.

L'adolescent est aussi très perméable aux émotions qui sont associées aux différents échanges, verbaux et non verbaux. Si celles-ci ne sont pas perçues, énoncées et gérées explicitement par ceux qui leur parlent, les adolescents pourront se laisser imprégner, contaminer par la peur, l'anxiété, la colère, l'énervement... qu'ils entendent derrière les attitudes et les paroles de leurs interlocuteurs.

Exemple : En fin de journée, un enseignant très fatigué et énervé par plusieurs heures de cours successives qui ont été plus difficiles à mener les unes que les autres, énonce à ses élèves : « C'est ma dernière heure de cours de la journée, je suis fatigué, vous aussi sans doute, nous allons tous faire des efforts pour nous supporter les uns les autres et essayer de rester attentifs à ce cours, qui va vous paraître peut-être plus difficile que d'habitude... »

L'adolescent est amené à déplacer ses investissements affectifs sur d'autres personnes que ses parents. Il ne se confie plus à eux d'une manière systématique, mais s'adresse à d'autres adultes. Il s'agit souvent d'un membre de sa famille (grand-parent, oncle ou tante…), ou d'un adulte qu'il connaît, un de ses enseignants par exemple. L'adolescent ne choisit pas cet adulte par hasard. Il se met à parler parce qu'il se sent bien et en sécurité avec lui à ce moment-là, ou parce qu'il l'**idéalise**. Il attend bien sûr que son interlocuteur se mette immédiatement dans un état de disponibilité, d'écoute à son égard et entende ce qu'il dit sans réagir d'une manière émotionnelle ou morale. Ces moments émouvants pour les uns et pour les autres peuvent rapprocher les personnes, même s'ils ne se reproduisent plus ultérieurement.

Dans l'enfance, les parents sont **idéalisés**, notamment le parent de sexe opposé. Le petit garçon ne dit-il pas : « Ma mère, c'est tout pour moi ; elle sait tout… » ? Cette idéalisation est bien sûr imaginaire. L'adolescent, tout à coup, voit son parent tel qu'il est et non plus tel qu'il l'imaginait. Il le désidéalise alors brutalement. Il déplace cette admiration sur une ou des personnes nouvelles et peut se mettre en position d'attente à son égard.

Exemple : Après avoir raconté à sa grand-mère, lors d'un week-end passé chez ses grands-parents, un douloureux chagrin d'amour et discuté avec elle, **Vinciane** lui écrivit les lignes suivantes : « Je suis contente que cette histoire nous rapproche. J'ai besoin de tes conseils de grand-mère, même si je ne les suis pas. »

La communication entre Vinciane et sa grand-mère a consolidé une relation affective. De plus, la jeune fille a pu entendre les propositions de son aïeule car celle-ci ne lui a pas imposé de conseils, sous le coup d'une vive émotion, mais lui a donné paisiblement son opinion.

Pratiquer le « respect »

Certains adolescents mettent le « respect » au premier rang des règles fondamentales, bien avant l'interdit de tuer. Et la transgression de cette règle les scandalise tout autant que le meurtre. Mais ils ont bien souvent du mal à définir ce mot, important pour eux, auquel ils font référence dès qu'ils se sentent raillés, dévalorisés, méprisés… par leurs interlocuteurs. En fait, leur perception des situations de non-respect passe par leur vécu, leur ressenti du moment.

Exemple : Au cours d'une discussion avec des lycéens d'une classe de seconde d'un lycée d'enseignement général, les adolescents furent amenés à décrire les situations au cours desquelles « on leur avait manqué de respect ».
Non seulement les exemples étaient d'une grande diversité, allant de la simple bousculade sans excuses aux insultes caractérisées, mais peu de situations ont pu faire l'objet d'une totale unanimité.

S'il est parfaitement impossible d'établir la liste des attitudes, comportements, intonations de voix, paroles… que les jeunes ressentent dans le registre du « non-respect de leur personne », il est nécessaire de tenir compte de cette notion car, si un jeune a le sentiment de ne pas être respecté par son interlocuteur, il fuira ou fera échouer la discussion avec celui-ci, ou aura à son égard une attitude provocatrice, ironique ou agressive.

chapitre

3

Rassurer pour éviter la dévalorisation

Les **modifications pubertaires** provoquent des changements physiques et aussi psychologiques, qui commencent par troubler l'adolescent. Les images externes et internes qu'il avait de lui-même sont l'objet d'un profond remaniement. Il doit apprendre à apprécier ce qu'il est en train de devenir, sans savoir ce qu'il sera et en abandonnant l'image de ce qu'il a été.

Le **développement pubertaire**, qui apparaît vers 10-11 ans chez la fille et vers 12-13 ans chez le garçon, est le résultat d'une réaction en chaîne : une sécrétion hypothalamique entraîne une sécrétion hypophysaire qui entraîne une sécrétion des glandes sexuelles et de nombreuses transformations physiologiques du corps : augmentation de la taille et du poids ; règles pour les filles et éjaculations pour les garçons ; apparition des caractères sexuels secondaires.

LA VISION QUE L'ADOLESCENT A DE LUI-MÊME

Il est parfois agacé par son image, par ses attitudes et par ses actes du moment quand il ne les reconnaît plus comme étant les siens ou quand son aspect et ses conduites ne correspondent pas à ses espoirs ou aux attentes de ceux qui l'entourent. Cet écart, entre ce qu'il est et ce qu'il voudrait être, trouble l'adolescent qui est à la recherche d'une image satisfaisante de lui-même.

Le **narcissisme** (ou appréciation de soi) est l'objet d'un profond remaniement au moment de l'adolescence. Il peut se manifester soit sous la forme d'une préoccupation de soi ou d'un amour de soi pouvant être associé à des fantasmes grandioses, soit, à l'inverse, par une dévalorisation de soi plus ou moins intense.

▶ L'adolescent a une vision dévalorisée de lui-même

Il se désintéresse de son image, refuse de se laisser photographier ou ne prend aucun soin de lui-même. Il passe de longues heures à essayer de s'apprivoiser, en se regardant dans le miroir ou en se malmenant physiquement. L'image de soi – ou le **narcissisme** – est alors mise à mal.

Exemple : Lorsque **Amelle**, 14 ans, passe devant un miroir, elle se dévisage longuement comme pour faire connaissance avec elle-même, scrute son visage pour y chercher un élément qui pourrait lui plaire, puis se fait des grimaces. Quelques fois, elle se donne une paire de claques. Elle s'enferme de longues heures dans la salle de bains et fait couler l'eau pour donner l'impression qu'elle prend un bain. Pendant ce temps, elle s'observe, se coiffe et essaie de modifier son visage.

Amelle apprend à se reconnaître. Mais, pour le moment, elle a une image assez dévalorisée de sa personne. Elle doute de sa valeur et a honte d'elle-même. Elle maltraite son corps pour le punir et pour se punir, car il n'est pas conforme à ses attentes. Amelle voudrait se plaire à elle-même sur les plans physique et psychique en devenant conforme à un modèle idéal. Elle est en train de se constituer son propre **Idéal du Moi** ; idéal qu'elle va, au fil du temps, s'employer à réaliser pour obtenir une image suffisamment bonne d'elle-même. Idéal qui lui fournira aussi les références morales et sociales dans lesquelles elle piochera pour se conduire dans la vie quotidienne. Mais ce modèle est encore pour Amelle un idéal de perfection. Il s'exprime de manière exigeante et excessive. Impossible à atteindre, il est aussi source fréquente de honte et de dévalorisation. Progressivement, Amelle adaptera cet idéal à ses capacités et apprendra à s'apprécier et à s'accepter telle qu'elle est. À condition cependant que les exigences de ses parents à son égard ne soient pas démesurées.

L'**Idéal du Moi** se constitue en piochant dans les projets, idéaux, références sociales et morales... des parents et de l'entourage. Il s'est appuyé sur l'idéalisation des parents par les enfants et des enfants par les parents. Il s'y ajoute à l'adolescence l'idéalisation de soi par le jeune et l'idéalisation du monde extérieur.

Exemple : **Érika**, scolarisée en classe de 4e dans un collège, inquiète ses camarades. En effet, la jeune fille ne paraît jamais satisfaite de ses résultats scolaires. Ses notes, quoique excellentes et qui feraient la joie de ses amies, ne sont jamais jugées comme suffisamment bonnes. Érika est une jeune fille triste, qui pleure souvent quand les professeurs rendent les devoirs.

L'adolescent peut passer de longues heures à essayer de s'apprivoiser en se regardant dans le miroir...

Les parents d'Érika ont des exigences d'excellence, intenses et jamais satisfaites, à l'égard de leur fille. Leur attitude met Érika dans une perpétuelle position de culpabilité puisqu'elle n'est jamais à la hauteur des aspirations de ses parents. Cette déception est productrice de tensions qui peuvent se traduire par un sentiment de haine, de rage contre elle-même ou de révolte contre les autres. Pour le moment, la jeune fille subit les reproches de ses parents, en souffre et s'autopunit en se dévalorisant.

▶ L'adolescent a une bonne image de lui-même

Exemple : **Teddy** est fier de lui. Il est très en avance sur le plan scolaire et n'arrête pas de s'en vanter auprès de ses camarades de classe, qui ne le supportent plus. Teddy aime parler de ce qu'il fait, de ce qu'il réussit. Il a constamment besoin d'attirer l'attention sur lui dès qu'il est dans un groupe. Il a une très bonne image de lui-même et croit que ceux qui le côtoient sont en admiration devant lui.

Les adolescents comme Teddy ont des aptitudes particulières qu'ils développent et dans lesquelles, bien souvent, ils excellent. Ces adolescents peuvent être l'objet de l'admiration familiale parce qu'ils réalisent le rêve que l'un de leurs parents a conçu pour eux. Ils participent à la valorisation de leurs enseignants car ils sont de brillants élèves. Ces jeunes, objets d'une admiration unanime depuis leur enfance, ont l'habitude de la percevoir et de l'attendre dans les yeux des autres. Centres des regards, ils perdent pied et sont troublés dès que ceux-ci ne sont plus focalisés sur eux. Ils sont encore des enfants. Ils sont souvent déstabilisés par les difficultés parce qu'ils n'en ont pas l'expérience et en ont été protégés par leurs parents. Ils ne supportent pas la remise en cause.

L'image valorisée que ces adolescents ont d'eux-mêmes, comme dans notre exemple, révèlent des difficultés narcissiques aussi intenses que celles d'Amelle, mais qui s'expriment ici d'une manière inversée. Ces adolescents, en quête eux aussi d'une image satisfaisante d'eux-mêmes, ne la cherchent pas à l'intérieur d'eux-mêmes, mais dans le regard des autres. Ils sont toujours en position de dépendance par rapport à l'admiration que les autres leur portent.

▶ L'adolescent et l'appréciation des autres

L'adolescent en quête d'une image satisfaisante de lui-même est particulièrement fragile et vulnérable. Il est sensible à l'appréciation que les adultes ont de lui.

Il peut être valorisé, dynamisé par quelqu'un qui croit en lui et lui fait confiance. Son visage, ses yeux peuvent s'illuminer suite à une appréciation positive, en particulier quand il n'en a pas entendu depuis un certain temps. Des encouragements, la satisfaction de ses parents et/ou de ses enseignants peuvent l'aider à reprendre confiance en lui, à assumer ses actes, à se remettre au travail.

À l'inverse, il peut être fragilisé, se sentir démuni, honteux ou détruit par quelqu'un qui ne croit pas en lui, le dévalorise, lui fait des remarques péjoratives ou l'enferme dans une image négative. L'adolescent peut alors ne plus rien entreprendre, se mettre en situation d'évitement des situations difficiles, se replier sur lui-même, s'autopunir par des reproches incessants, devenir agressif, s'enfermer et s'enferrer dans cette image négative que les autres lui renvoient de lui-même…

▶ Le refus des étiquettes et des comparaisons

Exemples : « Je ne veux pas avoir cet élève dans ma classe, dit le professeur principal d'une classe de 1re S en début d'année scolaire, j'ai trop entendu parler de lui quand il était au collège, il est insupportable. »

« Pourquoi ne me fais-tu pas confiance ? » dit Alexis, âgé aujourd'hui de 17 ans. Ce à quoi sa mère répond : « J'en ai trop bavé avec toi l'année dernière, je sais de quoi tu es capable ! »

Les adolescents ne supportent pas les étiquettes qui leur rappellent un passé qu'ils ont parfois déjà oublié. Ils se défendent alors vivement contre ces représentations qui les figent, comme le fait Alexis, ou bien ils expriment leur désaccord d'une manière interactive et en actes. Ainsi, l'élève de la classe de 1re S, mécontent de cette appréciation qui lui colle à la peau, peut devenir véritablement insupportable à l'égard de ce professeur qui le juge à partir d'une ancienne réputation.

L'adolescence est une période fortement évolutive ; l'adolescent change très vite et **oublie rapidement** ce qu'il a été, mais notre propre appréciation à son égard change beaucoup moins rapidement et nous gardons en mémoire les excès qui ont été les siens, les difficultés relationnelles et de communication que nous avons traversées avec lui, nos inquiétudes, nos colères et nos éternels questionnements. Nous le voyons trop longtemps tel qu'il a été. Aussi résistons-nous parfois à reconnaître son évolution, à percevoir les changements survenus dans son comportement.

Face aux changements nombreux qu'il vit, en particulier au début de l'adolescence, le jeune a tendance à **oublier rapidement** ce qu'il a été, au fur et à mesure qu'il évolue. Ces « pertes de mémoire » lui permettent d'éviter de se lamenter sur ce qu'il n'est plus et de ne pas se culpabiliser de ce qu'il a été Il préserve ainsi une certaine continuité de lui-même.

Nous avons aussi tendance à les comparer à d'autres personnes de leur famille.

Exemple : « Êtes-vous la sœur de Loïc M. ? » demande le professeur de français à une enfant qui, en ce début d'année scolaire, entre en 6e. « Oui », répond la petite. « Alors j'espère que vous serez au moins aussi brillante que votre frère », conclut le professeur.

Les adolescents d'une même famille supportent parfois assez mal d'être comparés à leurs frères et sœurs, à leurs parents, car il existe une rivalité naturelle dans les fratries et à l'égard des figures parentales. Mais ces rivalités peuvent devenir douloureuses quand l'adolescent est éclipsé par une sœur, un frère (ou un parent) brillant ou talentueux qui centralise sur sa personne tous les compliments des autres membres de la famille.

De plus, l'adolescent, en train de construire son individualité, cherche à se percevoir de manière unique. Il se veut différent des autres. Il demande à être reconnu, apprécié tel qu'il est, avec ses différences. Il ne veut rien devoir à personne, ni bénéficier ni pâtir de l'image d'un proche. Il refuse donc les discours comparatifs qui le déstabilisent dans sa quête de singularité.

▶ Les conséquences du sentiment de dévalorisation

L'adolescent peut se percevoir parfois d'une manière si dévalorisée que la moindre difficulté, le moindre échec, peut prendre des proportions dramatiques. Les appréciations négatives que les adultes portent sur lui augmentent ses doutes à l'égard de lui-même et l'envahissent tout entier. Il n'est pas rare en effet d'entendre un adolescent en colère se considérer comme « nul et bon à rien » quand il a eu un résultat scolaire décevant dans une matière. Il ne supporte donc pas que les autres aient la même vision que lui de sa personne et qu'ils renforcent, par leurs critiques, cette image négative.

Exemple : Un directeur de centre commercial raconte : « Certains jeunes employés ne supportent pas les remarques que nous pouvons leur faire. On leur apprend à faire les choses d'une certaine manière, mais ils l'oublient aussitôt et nous disent : "Moi, on ne m'a jamais dit de faire comme ça !" Ou bien ils nous rétorquent : "Si vous n'êtes pas content, vous n'avez qu'à le faire vous-même !" »

Ces adolescents ne supportent pas leurs erreurs et leurs difficultés car elles font écho à un intense sentiment de dévalorisation. Ils n'ont peut-être pas rencontré, au cours de leur enfance, dans les appréciations de ceux qui les entouraient, d'image suffisamment valorisante d'eux-mêmes qu'ils auraient pu reprendre ensuite à leur compte. Cette absence a provoqué une faille dans leur estime de soi. Toute situation d'erreur est alors insupportable car elle ravive la plaie produite par cette faille narcissique. Pour s'en protéger, le psychisme de ces adolescents met en place des **mécanismes de défense** qui leur évitent de se sentir responsables et coupables des erreurs qu'ils ont faites. Une personne extérieure en devient responsable et coupable à leur place. Cette défense extrapunitive n'est pas typiquement adolescente. Elle est fréquemment employée par toutes les générations. « Ce n'est pas de ma faute, disons-nous lorsque nous avons à affronter une difficulté, c'est de la faute de la société, des parents, de l'employeur… »

Les **mécanismes de défense** sont notamment le clivage, le refoulement, la régression, la projection, la banalisation…

CONSEILS

Comment aider l'adolescent à avoir confiance en lui

1. Intéressez-vous à ce qu'il dit, à ce qu'il fait, sans porter de jugement de valeur.

2. N'exprimez pas trop rapidement à son égard une appréciation négative, en paroles ou de manière non verbale.

3. Valorisez-le, complimentez-le dès qu'il a fait un progrès, réussi quelque chose ou fait l'effort d'améliorer son comportement (scolaire, social, relationnel…). Précisez-lui (et essayez de vous convaincre) que l'appréciation que vous portez sur lui concerne l'acte qu'il accomplit (attitude, conduite, parole, exercice…) et non sa personne. Il est jugé sur ce qu'il fait, pas sur ce qu'il est.

4. Adaptez vos exigences à ses réelles possibilités. Ne vous montrez pas constamment insatisfait.

5. Ne vous laissez pas déstabiliser par ses réactions défensives qui révèlent qu'il est « blessé ». Tentez de dépister ses résistances pour ne pas les accentuer par vos attitudes agacées, hostiles ou indifférentes.

6. Lorsque vous avez quelque chose à lui dire, exprimez-le toujours clairement, calmement et en paroles.

Ne pensez pas, par exemple, que le jeune comprendra de lui-même que son attitude n'est pas conforme aux règles de la politesse si vous ne le lui dites pas explicitement. Si vous l'exprimez d'une manière codée (par le regard), il en sera troublé et tentera de prendre la fuite ou de devenir agressif.

7. Essayez d'accompagner un adolescent particulièrement fragilisé par des difficultés successives à croire de nouveau en lui-même.

S'il s'est habitué à ses nombreux échecs en adoptant des attitudes défensives (« Ça ne m'intéresse pas, ça ne sert à rien, ce n'est pas la peine d'essayer, je n'y arriverai pas, je suis foutu… »), il ne se risquera pas, sans résistances, à vous faire confiance et à tenter de nouveaux essais.

S'il a peur d'un nouvel échec, il peut aussi être paniqué par la réussite, en particulier quand il ne l'a jamais rencontrée.

LES RELATIONS AVEC LES PARENTS

Les relations avec les parents font l'objet d'un profond remaniement. Au début de l'adolescence, le jeune est déstabilisé par la modification des liens qu'il avait établis dans l'enfance avec ses parents. Il doit progressivement abandonner les liens de dépendance, se détacher de la relation privilégiée avec le parent de sexe opposé, reconnaître que ses parents ne sont plus tout pour lui.

▶ Ne plus être « l'enfant idéal »

L'adolescent cherche à s'éloigner de ses parents. Mais il commence par perdre toute distance à leur égard. Il a le sentiment d'être envahi par ses parents. Il les ressent comme trop près de lui, omniprésents. Aussi les met-il brutalement à distance, parfois d'une manière agressive. Il fait de même avec les projets de ses parents. Il ne veut plus devenir ou correspondre à ce que ses parents avaient prévu pour lui.

Exemple : **Michel** est le troisième d'une fratrie de quatre enfants. Son père a fait de brillantes études d'ingénieur et ses deux frères aînés ont suivi plus modestement la lignée paternelle. Michel, scolarisé en classe de 2de, présente certaines difficultés scolaires qui vont l'empêcher de rejoindre une filière scientifique. Ses parents le poussent à se ressaisir sur le plan scolaire et sont furieux de le voir si lent à se mettre au travail. Michel ne veut pas devenir comme son père. Mais, lors d'une visite auprès d'un conseiller d'orientation, il manifeste une attirance certaine pour le métier d'ingénieur.

Les difficultés scolaires de Michel révèlent qu'il ne veut plus que ses parents désirent pour lui un idéal de vie professionnelle. Ne pouvant prendre psychiquement ses distances par rapport à ce désir parental, il essaie de l'annuler en se montrant incapable d'y correspondre scolairement. Le refus scolaire de Michel porte sur le désir de ses parents et non pas sur son propre désir. Pour le moment, il ne veut pas entendre que son désir puisse correspondre à celui de ses parents. Il n'a pas, non plus, pris conscience que son attitude risque de contrecarrer rapidement son propre désir.

La fragilisation narcissique des adultes par les adolescents

Les jeunes, tellement fragilisés par l'intense remaniement interne et externe qu'ils subissent sans pouvoir le maîtriser, peuvent ressembler à des écorchés vifs terriblement sensibles à eux-mêmes et aux jugements qui sont portés sur eux. Les parents peuvent être affectés, troublés par cette dévalorisation excessive qui atteint l'adolescent. Ils peuvent en souffrir comme l'adolescent lui-même. Lorsque la souffrance narcissique de l'adolescent fait écho à leur propre fragilité, les parents sont souvent trop bouleversés pour aider l'adolescent à gérer son propre trouble. Ils risquent alors de se placer en position d'évitement. S'ils sont proches de leur adolescent, ils le surprotégeront en rendant une situation, ou une tierce personne, responsable de la souffrance de leur fils ou de leur fille. Ces parents peuvent alors, dès que leur enfant présente une difficulté scolaire, affirmer que l'adolescent n'y est pour rien, mais qu'il a un professeur absolument incapable. Lorsque les parents se situent trop loin de leur fils ou de leur fille, ils se protègent eux-mêmes en ne voyant pas la souffrance de leur enfant. Dans l'un et l'autre cas, ils n'aideront pas l'adolescent à tolérer momentanément le malaise ressenti, à gérer l'image négative qu'il a de lui-même et à trouver en lui-même les arguments et les moyens pour acquérir une meilleure appréciation et estime de soi.

Lorsque les adolescents commencent à désidéaliser leurs parents, ceux-ci deviennent l'objet de multiples reproches et d'innombrables critiques. Dès qu'ils voient leurs parents tels qu'ils sont et s'aperçoivent qu'ils ne correspondent plus aux parents idéaux imaginés au cours de leur enfance, ils en ressentent une profonde déception et parfois une vive inquiétude car cette désidéalisation s'accompagne d'une remise en question de ce que les parents leur ont légué (références, usages, idéaux, opinions...). Elle produit chez eux une perte identitaire plus ou moins intense et angoissante. Ils vont donc reprocher à la fois à leurs parents de les décevoir et de ne pas être aussi parfaits qu'ils le souhaiteraient. Pour atténuer leur désarroi, ils vont, dans un mouvement paradoxal, se mettre à **idéaliser, à valoriser la société** et à s'opposer à ce qui paraît provenir de

De tout temps, l'adolescence a été une période au cours de laquelle les jeunes, souhaitant un monde meilleur que celui que les parents leur léguaient, « refaisaient le monde ». Ce désir existe toujours. Il est masqué par une **idéalisation de la société** médiatique, en particulier au début de l'adolescence. L'adolescent peut, durant une période plus ou moins longue, se conformer, de manière excessive, aux messages véhiculés par la publicité, ses chanteurs ou acteurs préférés.

leurs parents ou à ce qui est associé aux figures parentales, voire à les rejeter. Ce rejet participe au nécessaire travail de deuil des images parentales idéales qui permettra à chaque jeune, au sortir de l'adolescence, d'abandonner ces images et de ne plus être en quête perpétuelle d'une personne à admirer à travers d'autres figures idéalisées : comme celle du leader politique, philosophique, religieux, ou celle du gourou… Mais ce travail est seulement possible si nous acceptons de tomber du piédestal sur lequel l'adolescent nous avait installés quand il était enfant, en tolérant d'être momentanément l'objet de ses multiples critiques.

Exemple : Devant des élèves de 2de, une enseignante reconnaît qu'elle a parfois du mal à les supporter tant ils sont fatigants. Et elle ajoute : « Les autres collègues ont les mêmes difficultés que moi ! » Une élève n'est pas d'accord : « Avec Monsieur M., ça se passe très bien, il fait son cours sans problème ! »

L'enseignante perçoit la réaction de l'élève comme une critique et tente de se justifier.

Cette enseignante est déstabilisée par les remarques de l'élève, qu'elle entend immédiatement comme un reproche pertinent et justifié. Or, la jeune fille lui reproche de ne pas être un professeur aussi parfait que Monsieur M. pour mieux faire le deuil de cet idéal de perfection. Mais ce deuil n'est possible pour l'adolescente que si le professeur accepte ses remarques sans se remettre en cause et sans se sentir coupable de ne pas être un enseignant parfait. À travers les critiques, les adolescents nous interrogent sur l'existence d'un modèle idéal de parent ou d'enseignant : « Est-il possible de toujours faire face aux situations sans jamais rencontrer de difficultés ? » nous demandent-ils. La réponse à cette question est bien évidemment négative. L'être humain est faillible. Il n'est jamais ni parfait ni totalement incapable. Il doit sans cesse accepter ses difficultés pour mieux les gérer par la suite.

Lorsque nous sommes irrités par les moqueries et les remarques des adolescents, critiques parfois terriblement pertinentes, nous mettons en évidence notre désir d'être perçus par eux comme un parent parfait ou un très bon enseignant. Nous pouvons alors adopter des attitudes rigides, agressives ou autoritaires à l'égard de ces jeunes en censurant ou en interdisant leurs discours dès qu'ils

CONSEILS

Comment tolérer les critiques

1. Observez votre trouble, quand un adolescent vous fait une critique, et la manière dont vous le gérez :
– réfléchissez sur vos réactions pour en modifier les effets ;
– ne montrez pas votre trouble à l'adolescent ; contrôlez vos réactions émotionnelles ;
– lorsque la critique de l'adolescent est pertinente, prenez le temps de l'analyser ; elle peut vous aider à mieux vous connaître vous-même.

2. Acceptez-vous tel que vous êtes, avec vos qualités et vos défauts, vos capacités et vos inaptitudes :
– reconnaissez vos erreurs quand vous vous trompez, ainsi que vos limites. Cessez de vous reprocher vos échecs, vos difficultés, vos travers. Tolérez ce que vous n'aimez pas en vous-même ; n'en soyez ni bouleversé ni indifférent ;
– faites le deuil d'un idéal de perfection : le parent, le grand-parent et l'enseignant parfait n'existent pas.

3. Enfin, observez-vous lorsque vous formulez vous-même des reproches aux autres (conjoint, adolescent, patron...) :
– acceptez d'entendre des autres ce que vous vous autorisez à dire vous-même.

nous dévalorisent, nous questionnent ou se moquent de nous. L'intensité de notre malaise ou de notre colère est alors étroitement liée à l'intensité du sentiment de dévalorisation que nous pouvons ressentir de ne pas être aussi parfaits que nous le souhaiterions.

De nombreux adolescents ont tellement bien perçu en nous la présence de ces fragilités narcissiques qu'ils nous protègent dès qu'ils nous font une remarque. En effet, leurs moqueries ou leurs critiques sont immédiatement suivies d'un : « J'dis ça pour rigoler, vous savez (ou tu sais) ! »

INSTAURER UN CLIMAT BIENVEILLANT

L'adolescent ne peut pas – et ne doit pas – être tout pour ses parents, car ces derniers ont aussi leur propre vie en dehors de leur fille ou de leur fils. Petit à petit, l'adolescent ne sera plus le centre du monde parental. Il pourra se construire alors sa propre vie dans le monde.

▶ Apprendre à s'aimer tel qu'on est

Dans les meilleurs cas, l'adolescent a été aimé et adulé dans son enfance par ses parents car il était le plus beau bébé du monde. Progressivement, il va récupérer, en le reprenant à son compte, cet amour inconditionnel que ses parents lui ont porté pour s'aimer, s'estimer, s'apprécier lui-même. Il développera le sentiment d'avoir une certaine valeur à ses propres yeux. C'est ce sentiment qui lui donnera la force d'affronter le monde extérieur.

L'adolescent va aussi apprendre à modifier ses aspirations, ses projets et ses idéaux pour les adapter à ses possibilités.

Exemple : **Karen**, 15 ans, aime beaucoup les journaux de mode car elle souhaiterait devenir mannequin. Quoique jolie, elle ne correspond pas aux canons de la beauté actuelle car elle est encore petite et assez boulotte. Mais cet écart entre ce qu'elle voudrait être physiquement et ce qu'elle est ne la troublait pas jusqu'à la dernière visite chez le pédiatre. Lorsque celui-ci lui a dit qu'elle ne grandirait plus, Karen a fondu en larmes. Depuis, la jeune fille semble indifférente et perdue dans ses pensées.

Karen traverse sans doute un petit épisode dépressif équivalent à celui que traverse une personne qui a perdu un ou une de ses ami(e)s. Elle va devoir s'adapter à la perte de son projet à travers

CONSEILS

S'adapter à soi-même

– L'adolescent peut se remémorer les moments au cours desquels il a perçu et ressenti l'amour, l'affection que ses parents, grands-parents, amis lui portaient. Il peut s'appuyer sur ces souvenirs lorsqu'il traverse des périodes difficiles.

– Il peut aussi travailler sur ses représentations idéalisées de l'image de soi – physique, psychique –, en essayant de répondre aux questions : « À qui voudrais-je ressembler ? Qu'est-ce que je veux faire de ma vie (personnelle, professionnelle, sociale, spirituelle…) ? Est-ce réalisable actuellement ? »

– Il peut mettre au jour son désir de tout pouvoir réaliser, d'être parfait, exceptionnel, admirable et admiré, de vivre des événements extraordinaires, inoubliables, uniques… Il n'est pas inutile de lui indiquer qu'il peut rêver, imaginer mentalement cette vie d'exception tout en vivant une existence à la mesure de ses moyens et en tenant compte de ses possibilités du moment.

– Il peut, enfin, se donner des idées en vue de réaménager ses projets initiaux en consultant la documentation disponible dans les centres d'information et d'orientation (CIO), les centres d'information et de documentation jeunesse, les chambres des métiers.

lequel elle se valorisait, tout en se construisant une identité. Mais ce travail de deuil n'est possible qu'au prix d'un conflit interne parfois long et douloureux avec lequel Karen est en train de se débattre. Son désir devenant totalement inaccessible, elle va devoir le modifier, c'est-à-dire déplacer son idéal sur un autre objet. C'est en s'appuyant sur le souvenir de l'amour que ses parents lui ont porté qu'elle va pouvoir peu à peu gérer ce conflit, sans se dévaloriser ou perdre l'estime qu'elle a d'elle-même.

▶ Nuancer les appréciations sur l'adolescent et sur l'avenir

L'adolescent donne souvent l'impression aux adultes qu'il n'accorde pas d'importance à leurs paroles, à leurs appréciations, mais il réagit vivement et violemment lorsque ces paroles et ces appréciations le dévalorisent ou lui paraissent erronées.

Il est particulièrement perméable aux opinions que nous portons sur lui ou sur son avenir. Il peut se laisser influencer par nos émotions et déterminer par nos discours quant à sa réussite ou son échec. Il est capable de s'adapter et de se conformer parfaitement à l'image que nous avons de lui.

Il s'agit donc, pour les adultes, d'être attentifs aux paroles qu'ils tiennent à propos d'un jeune, devant lui ou en dehors de sa présence. Et d'être particulièrement vigilants quant à leurs appréciations concernant le monde du travail, la place dans la société…

Exemples : Paroles de parents

« J'ai peur pour mon fils, pour l'avenir de mes enfants. Que vont-ils faire, il y a tellement de chômage. »

« Nous nous sentons complètement impuissants. Nous sommes dépassés par l'évolution actuelle. Je ne sais plus quelle attitude tenir. »

« J'ai l'impression d'être débordé par une situation qui dépasse largement mon horizon et face à laquelle personne n'a de réponses efficaces à donner immédiatement. »

Paroles d'enseignants

« Il faut bien leur dire qu'il n'y aura pas de place pour tout le monde. »

« Je passe mon temps à les pousser pour qu'ils travaillent. Pour réussir aujourd'hui, il faut être le meilleur. »

« Pourquoi voulez-vous qu'ils travaillent à l'école ? Il y a de grands risques qu'ils ne trouvent pas d'emploi plus tard. »

Les incertitudes à propos de l'avenir déstabilisent plus ou moins fortement les adultes. Les mutations sociales et économiques importantes que nous traversons sont génératrices de peurs, de tensions et d'angoisses, car nous ne percevons pas distinctement l'avenir. Cette situation alimente des « scénarii catastrophes » qui projettent les parents, les enseignants et les adolescents dans un avenir hypothétique ou barré.

Or, ces inquiétudes professionnelles sociales font écho aux inquiétudes personnelles de l'adolescent, qui est lui-même en mutation et qui ne sait pas vers quoi il va. Ces différentes incertitudes, s'ajoutant les unes aux autres, accentuent les doutes de l'adolescent à propos de lui-même, en particulier en ce qui concerne l'image de soi.

CONSEILS

Aider l'adolescent à se construire une image satisfaisante de lui-même

1. Ne vous laissez pas submerger sur le plan émotionnel par les discours culturels actuels sur l'emploi, ni influencer par une vision dramatique de l'avenir.

2. Apprenez-lui à s'accepter tel qu'il est, ni parfait ni totalement insupportable.

– N'oubliez pas de le regarder vous-même dans toutes ses dimensions : ne vous limitez pas seulement à ce que vous voyez de lui, cherchez à savoir comment il se comporte ailleurs et avec d'autres personnes.

– Intéressez-vous à lui dans les bons et les mauvais moments.

3. Tentez de le rassurer, de le soutenir, de le calmer quand il se sent honteux et dévalorisé.

– Écoutez-le, sans vous laisser troubler, quand il dit du mal de lui-même.

– Faites contrepoids à ses appréciations excessives sur lui-même : relativisez-les en lui parlant de ce qu'il réussit quand il vous affirme qu'il est « nul et bon à rien ».

4. Aidez-le aussi à relativiser ses normes de jugement, à se construire un idéal de vie future à sa mesure. Ne soyez pas trop exigeant ; reconnaissez ses progrès ou son évolution, même minime...

5. Ne faites pas écho à son discours quand il refuse de se remettre en question à la suite d'une difficulté ou d'un échec.

– Choisissez un moment où l'adolescent est paisible et disposé à discuter. Proposez-lui alors de réfléchir calmement sur les moyens qu'il a à sa disposition pour ne pas se retrouver face à la même difficulté la prochaine fois.

– Accompagnez sa réflexion mais ne réfléchissez pas à sa place, ne soyez pas trop pressé : ne croyez pas résoudre le problème tout de suite.

Proposer des cadres

partie
2

chapitre 4

Contenir par la parole

chapitre 5

Ouvrir au dialogue

chapitre 6

Prévenir l'agressivité

chapitre

4

Contenir, par la parole

Par moments, les adolescents paraissent si exclusivement préoccupés par eux-mêmes qu'ils se montrent peu aptes à s'adapter aux situations de la vie quotidienne. Ils présentent alors un certain penchant à l'individualisme, voire même à l'égoïsme, et semblent bien peu attentifs aux autres. Ils se montrent exigeants, revendiquant des droits et la liberté absolue de faire ce qu'ils veulent quand ils en ont envie. De plus, ils peuvent se montrer agressifs envers ceux qui entravent, d'une quelconque manière, la satisfaction de leurs désirs.

L'ADOLESCENT VEUT VIVRE SA VIE…

L'adolescent devient capable de penser, de désirer, d'exister par lui-même et en dehors de ses parents. La nouvelle énergie qu'il ressent, associée à l'éruption des pulsions sexuelles, le conduit à fonctionner psychiquement suivant le principe de **plaisir** ; c'est-à-dire à chercher à satisfaire toutes ses pulsions et tous ses désirs dès qu'ils se présentent.

Il y a **plaisir** quand l'excitation pulsionnelle est réduite, quand les pulsions sont satisfaites (*Dictionnaire de la psychanalyse*, Pierre Fedida, Paris, Larousse, 1974).

Exemple : **Sophie** est une jeune fille de 16 ans qui se laisse guider par ses émotions et ses idées du moment. À la suite d'un appel téléphonique à 22 heures, alors qu'elle doit se rendre au lycée le lendemain matin, elle peut avoir subitement envie de sortir pour rejoindre un copain. Elle se heurte alors violemment à ses parents, qui s'y opposent. Elle leur affirme avec force qu'elle a bien le droit de faire, de temps en temps, ce qu'elle veut.

Sophie est actuellement centrée sur elle-même et sur son corps. Elle souhaite vivre intensément selon ses désirs ou ses envies. Elle est littéralement poussée à l'action dès qu'une pulsion ou un désir se fait entendre. Elle se soumet aussitôt à cette exigence, car elle a la conviction que cette demande, exprimée à l'intérieur d'elle-même, est parfaitement légitime. Cette certitude interne la conduit à affirmer son droit à faire ce qu'elle veut au moment où elle le veut. Ces conduites, que Sophie veut pouvoir réaliser spontanément, semblent souvent accomplies sans réflexion, mais ne sont pourtant pas totalement irréfléchies.

DÉFINITIONS

LE FONCTIONNEMENT DU PSYCHISME
au début de l'adolescence

Le **Moi** de l'adolescent est, par moment, dominé par les exigences incoercibles du **Ça** auxquelles il veut pouvoir donner rapidement satisfaction. Lorsqu'il obéit à ces exigences et que celles-ci ne sont pas conformes aux exigences du **Surmoi**, le Moi peut se protéger de la culpabilité en **rationalisant** ces exigences pulsionnelles.

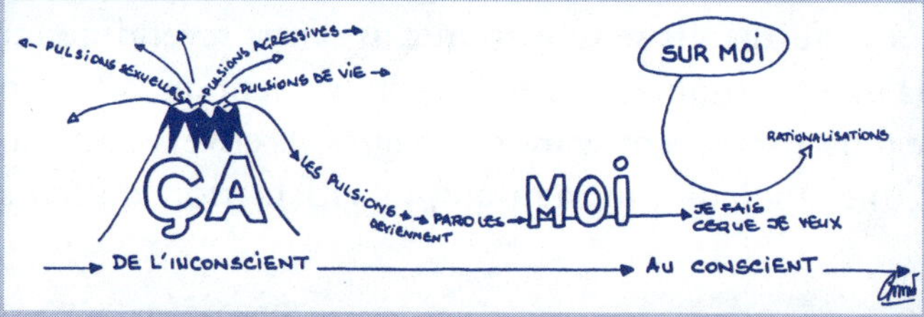

Le **Moi** a pour fonction de gérer les énergies et les informations qui lui proviennent à la fois :
– du **Ça**, inconscient (suivant la dénomination de S. Freud). Le Ça, régi par le principe de plaisir, contient les pulsions, les désirs, les fantasmes, les souvenirs refoulés. Il possède initialement toute l'énergie pulsionnelle ;
– et du Surmoi, expression de la conscience morale.

Le Moi récupère une grande partie de l'énergie contenue dans le Ça et l'utilise de manière socialement adaptée en tenant compte des exigences du Surmoi. Le Moi suit d'autres buts que la seule satisfaction pulsionnelle.

Le **Surmoi** contient les exigences familiales, sociales, morales que l'individu a trouvées au cours de son développement.

Les **rationalisations** sont des processus d'explication, de justification, de banalisation permettant de masquer un conflit et d'éviter le caractère pulsionnel qui se trouve en jeu.

Par exemple, un adolescent qui vient de voler un objet dans une grande surface peut banaliser son acte en disant : « Ce n'est pas grave, tout le monde le fait. »

N.B. : les schémas, expliquant le fonctionnement du psychisme chez l'adolescent aux pages 74 et 75, n'engagent que l'auteur.

DÉFINITIONS

LE FONCTIONNEMENT DU PSYCHISME
à la fin de l'adolescence

Avant d'agir, le **Moi** doit pouvoir entendre les exigences pulsionnelles provenant du **Ça** et les exigences sociales et morales provenant du **Surmoi**. C'est le Moi qui évalue si les demandes pulsionnelles peuvent ou non être satisfaites. Il est capable de différer ces demandes lorsque cela est nécessaire, ou de les **transformer** quand elles sont socialement et/ou moralement inacceptables.

Les pulsions agressives (violence, meurtre...) peuvent être canalisées dans des pratiques sportives, créatrices... ou **transformées** en leur contraire : l'agressivité à l'égard des autres peut être transformée en « vouloir faire du bien aux autres », à travers les conduites humanitaires notamment.

Ce type d'attitude ou de conduite se retrouve aussi dans le cadre scolaire. De nombreux adolescents amènent au collège et au lycée leurs manières de vivre à l'extérieur des établissements. La vraie vie étant pour eux ailleurs, ils n'adoptent plus systématiquement les attitudes et les conduites qui sont attendues des élèves. Ils s'adaptent peu ou pas au mode de fonctionnement de l'école et troublent, par leurs conduites, l'organisation de l'enseignement.

▶ ...dans une société restée adolescente

Ces conduites adolescentes semblent se manifester au fil du temps de manières plus excessives et atteindre, plus ou moins fréquemment, de plus en plus d'adolescents, dans toutes les couches sociales de la population. L'image de l'adolescence a été fortement valorisée au cours des cinquante dernières années. La société occidentale a accordé une place croissante à cette génération intermédiaire entre l'enfance et l'âge adulte. Car cette période de la vie représente un processus d'apprentissage et d'adaptation aux changements particulièrement intéressant pour une société en perpétuelle mutation. La société s'est donc tournée vers l'adolescence pour trouver des réponses aux questions qu'elle se posait sur elle-même. Elle a essayé de gérer ses propres changements en s'identifiant à cette classe d'âge.

Alors, comment sortir de l'adolescence lorsque la société dans laquelle on vit se réfère à cette tranche d'âge sur le plan culturel ? N'ayant pas d'autres interlocuteurs que ceux qui leur ressemblent, n'ayant pas de modèles différents auxquels s'identifier, les adolescents s'installent et se confortent dans leur mode de fonctionnement psychique, dans leurs attitudes et leurs conduites excessives et typiques et n'essaient pas ou n'arrivent pas à sortir de l'adolescence. Ils ne le peuvent pas, mais ils en ressentent un certain malaise. Ils se protègent, se défendent des remarques et reproches de ceux qui les entourent par une attitude d'indifférence. Tout semble couler sur eux, sans jamais les atteindre.

Ces conduites spontanées révèlent un désir intense d'agir et elles ne tiennent compte ni des autres ni des contraintes extérieures. Préoccupé par lui-même et ayant des difficultés pour s'adapter à ses propres changements internes et externes, l'adolescent veut que son environnement s'adapte à lui. En miroir, le milieu extérieur exige (et avec raison) que l'adolescent s'adapte à lui. Les exigences de l'adolescent et celles du monde extérieur s'opposent et constituent la base d'un conflit, intense ou évoluant à bas bruit, entre l'adolescent et son entourage. Il en résulte une tension fréquente, plus ou moins vive, qui produit des attitudes spécifiques : indifférence, démission, exaspération, colère, fatigue… du côté des éducateurs ; hostilité, repli sur soi, passivité, indifférence, refus, ironie, provocation… du côté des adolescents.

▶ Ni efforts ni frustrations

Lorsque leurs conduites spontanées viennent se heurter aux exigences familiales ou sociales, les adolescents peuvent avoir des réactions qui surprennent les parents ou les enseignants.

Exemple : **Dimitri** réclame le droit de faire ce qu'il veut, quand il le veut, comme il veut. Il aime se faire plaisir. Il s'est fait faire un tatouage sur le bras droit et percer la langue, malgré l'interdit que sa mère lui avait posé. « Je ne vois pas pourquoi je ne ferai pas ce dont j'ai envie, lui a-t-il crié. Toi ! tu fais bien ce que tu veux ! »

L'adolescent garde de l'enfance un sentiment de toute puissance, d'être exceptionnel, unique… et projette ce sentiment sur ces parents : « Eux, ils peuvent faire tout ce qu'ils veulent », pense-t-il. Mais ce sentiment est une illusion. Progressivement, l'adolescent, en acquérant une meilleure perception de la réalité et de ses contraintes (internes et sociales), abandonne la conviction qu'il est possible de pouvoir faire tout ce dont il a envie.

Dimitri se construit sa nouvelle liberté en se démarquant de ses parents. Il cherche à les étonner, à être original par rapport à son milieu familial et à se conformer aux manières de se conduire des jeunes de sa génération. Mais il veut aussi justifier son acte, car les réactions de sa mère le troublent un peu. Il n'avait pas pris le temps d'y réfléchir. L'argument employé par Dimitri, pour clore le débat, est aussi utilisé assez fréquemment par les parents, quand ils sont eux-mêmes à court d'arguments pour convaincre leur fils ou leur fille du bien-fondé de leurs réflexions, de leurs attitudes, de leurs interdits : « Quand tu seras indépendant, tu feras ce que tu voudras… » Or, les parents ont à aider l'adolescent à faire le deuil de cette conviction, et non à l'entretenir. Il serait souhaitable qu'ils lui répètent sans se lasser qu'ils doivent, avant d'agir dans la vie quotidienne, tenir compte de nombreux éléments extérieurs et qu'ils ne peuvent pas faire entièrement ce qu'ils aimeraient faire.

Les adolescents imaginent parfois les situations avant de les vivre et souhaitent les voir se réaliser conformément à leurs attentes.

Exemple : Monsieur et Madame B. ont accueilli pour une semaine, dans leur maison de campagne, un de leurs **petits-fils** accompagné de deux copains. À l'arrivée des trois adolescents, âgés de 15 ans à peine, les règles de vie, réduites au minimum, ont été énoncées et acceptées par eux. Très rapidement, les adolescents se sont fatigués des termes du contrat. Ils désiraient faire le minimum d'efforts dans le maximum de confort. Au moment du départ, l'un des copains a écrit dans le livre d'or de Monsieur et Madame B. : « On entre : belle maison ! Beau jardin ! Enfin, presque le paradis ! Mais, à l'intérieur, c'est l'obéissance, le rangement, la propreté, l'aide (mais pour ça, c'est normal), je n'irai pas jusqu'à l'esclavage mais presque. Conclusion : on s'amuse bien mais, après une semaine, on ne demande que le repos. »

Dès que ces adolescents ne pouvaient pas réaliser immédiatement, ou conformément à leurs attentes, leurs projets ou leurs désirs, ils ressentaient une tension interne, un sentiment de frustration qu'ils comparaient à une contrainte. Celle-ci était pour eux si forte qu'ils l'associaient (suivant la loi de l'excès) à l'esclavage, car le temps des vacances devait être un temps de totale liberté.

Dans d'autres circonstances, certains adolescents s'expriment de manière excessive, par exemple dans les grandes surfaces, lorsqu'un vendeur les informe que le produit qu'ils viennent acheter est épuisé. Ces jeunes manifestent alors bruyamment leur frustration à travers des gestes d'agacement, des paroles agressives en direction du magasin et des attitudes de fuite en quittant précipitamment le lieu. Dans l'un et l'autre cas, ces adolescents supportent assez mal les contraintes sociales et ne peuvent s'empêcher d'exprimer en paroles ou en actes leur frustration.

CONSEILS

Comment aider l'adolescent à gérer les frustrations et à supporter l'effort

1. Observez votre attitude quand vous devez vous-même faire face à des situations frustrantes ou contraignantes (par Exemple : attendre longuement votre tour dans une file alors que vous êtes pressé...). Cette observation vous permettra de ne pas demander à l'adolescent de faire ce que vous ne pouvez pas faire vous-même.

2. Essayez d'accomplir les actes contraignants ou frustrants de la vie quotidienne sans manifester de réactions d'agacement. Expliquez-lui vos propres manières de faire pour supporter momentanément la frustration, la contrainte, faire des efforts...

3. Repérez les situations auxquelles l'adolescent a du mal à s'adapter :
– ultérieurement, attirez son attention sur ce qu'il a ressenti à ce moment-là : agitation, colère, fuite... ;
– lorsqu'il en a pris connaissance, suggérez-lui de ne pas se laisser envahir par ses réactions, mais de les mettre en paroles à l'intérieur de lui-même pour arriver à les contenir, les apaiser, et à y réfléchir par la suite.

4. Fournissez-lui des arguments essentiels pour l'aider à s'adapter aux exigences de la vie quotidienne. Vous pouvez lui indiquer aussi que :
– toute situation demande un effort d'adaptation, c'est-à-dire gérer un conflit interne entre faire ou ne pas faire ;
– la motivation naturelle n'existe pas toujours ; réaliser quelque chose demande souvent une part d'effort ;
– rencontrer la frustration est inévitable lorsque l'on vit parmi les autres, mais il est possible de la supporter momentanément.

▶ Ne pas tout supporter des postadolescents

Les parents et les enseignants ont à cultiver, dans une certaine mesure, une attitude tolérante à l'égard des adolescents pour les amener progressivement à s'adapter aux situations et à se conduire conformément aux exigences sociales. Il est souhaitable qu'ils ne se situent plus dans ce même registre avec les postadolescents, mais qu'ils les aident à supporter ces exigences, notamment en leur répétant avec conviction et fermeté ce que l'on attend d'eux dans la vie quotidienne.

Exemples : **Thierry**, 20 ans, fait du hockey chaque semaine. Lorsqu'il rentre chez ses parents, après son entraînement, il laisse son immense sac de sport dans l'entrée de la maison familiale. Sa mère lui demande de le ranger dans sa chambre ou au garage, mais Thierry ne le fait jamais. Le sac peut passer la semaine au même endroit.

Odile, une maîtrise de droit en poche, vient d'être embauchée par le service juridique d'une société implantée à Paris, dans un quartier d'affaires. Elle se rend en voiture sur son lieu de travail et cherche, parfois longtemps, une place de parking dans les rues limitrophes. Or, le parking privé de la société a souvent des places qui restent vacantes, car il est réservé à la clientèle. Très rapidement, Odile demande rendez-vous à son chef de service pour obtenir l'autorisation de stationner dans le parking. Son supérieur lui répond : « Vous savez bien que les places sont réservées aux clients. » Mais cette réponse ne convient pas à Odile, qui ajoute : « Vous qui connaissez bien le président, vous ne pourriez pas lui demander l'autorisation pour moi ? À vous, il n'osera pas refuser ! »

Les parents semblent parfois dominés par leur postadolescent dont l'énergie est considérable. Ils s'épuisent en conflits permanents et inefficaces, car leurs exigences sont entendues mais pas mises en pratique. Certains sont ainsi amenés à se mettre en harmonie avec leur adolescent dont les conduites sociales sont inadaptées. À l'inverse, d'autres parents refusent complètement de s'adapter et mettent leur fils ou leur fille à la porte. Ces deux conduites opposées révèlent, l'une et l'autre, la difficulté des parents pour amorcer paisiblement le départ du jeune adulte. Soit ils supportent tout, et la séparation ne se fait pas ; les parents protègent ainsi leur postadolescent des difficultés de la vie. Soit ils ne supportent rien et la séparation se fait brutalement et durablement.

Le cadre professionnel est certainement beaucoup plus contraignant que le milieu familial, car il exige une adaptation permanente. Aussi, l'attitude d'intolérance face à la frustration qu'Odile exprime provoque la stupéfaction dans l'entreprise. Dans ces situations, les réactions des professionnels sont vives et souvent mal supportées par les jeunes.

COMMUNIQUER SEREINEMENT AVEC L'ADOLESCENT

Lorsqu'il agit spontanément, lorsqu'il fait ce qu'il veut, l'adolescent est souvent convaincu du bien-fondé de sa demande, de son désir ou de sa conduite. Il est donc surpris quand il produit chez son interlocuteur une réaction émotionnelle parfois intense, et il se sent agressé. C'est le cas d'Odile, qui n'a pas compris le refus de son chef de service de plaider en sa faveur. La jeune adulte se protège alors en pensant qu'elle est « victime » d'un employeur hostile, autoritaire ou incompréhensif. Elle évacue ainsi sa responsabilité dans cette situation.

Cette position est relativement confortable pour le jeune qui, persuadé que la victime a toujours raison, évite de s'interroger sur son attitude, sa conduite ou son inadaptation sociale. Par la suite, lorsqu'il se retrouvera dans la même situation, il répétera le même comportement inadéquat.

Il s'agit donc, pour les adultes, de continuer à communiquer avec un adolescent malgré les réactions d'hostilité, d'agacement, d'ennui ou d'indifférence que l'on peut ressentir de part et d'autre. Ce dialogue est réalisable lorsque l'adulte essaie de réduire ses propres réactions émotionnelles et ne se laisse ni dominer par ses émois, ni manipuler par l'adolescent. Le contrôle de l'agressivité est essentiel pour éviter que l'adolescent ne se place en position de victime. Si le jeune n'a pas suffisamment d'arguments pour classer son interlocuteur parmi les agresseurs, il ne pourra pas s'identifier d'une manière durable à une victime.

Ne pas fuir les situations difficiles

Exemple : Les parents de **Kurt** ont trouvé avec leur fils une sorte de *modus vivendi* afin de résoudre les éternels problèmes liés à la manière de vivre du jeune homme qui aime faire la fête et sort beaucoup avec ses copains tout au long de l'année : l'adolescent a le droit de faire tout ce qu'il veut, à condition qu'il ait des résultats scolaires tout à fait honorables.

Les parents de Kurt ont trouvé une adaptation, à leur convenance, aux différentes conduites adolescentes de leur fils pour éviter d'être constamment en conflit avec lui. Mais ils se situent trop près de lui, car ils s'identifient à lui et désirent lui permettre de vivre intensément cette période. Ils se situent aussi trop loin de lui en le laissant gérer seul son intense remaniement psychique. Or, les capacités d'autonomie de l'adolescent ne doivent pas se marchander, ni être reliées aux exigences scolaires. Ce ne sont pas les résultats scolaires qui, prenant le relais des parents, doivent fixer des limites pour le jeune ou lui permettre de faire certaines expériences. Bien que cela soit difficile, les parents ont à continuer à veiller eux-mêmes sur leur adolescent en portant sur lui un regard attentif et bienveillant, en lui laissant faire l'apprentissage de la vie par essais-erreurs et en intervenant lorsqu'il prend des risques trop grands ou inutiles pour sa santé physique ou psychique.

Le parent ou l'enseignant qui est trop près de l'adolescent n'occupe pas sa place d'adulte à sa manière à lui, manière personnelle et spécifique, mais se conforme aux attentes du jeune qu'il a en face de lui. Il devient ce que l'adolescent attend qu'il soit, ou ce qu'il imagine être l'attente du jeune. Ce parent n'exerce pas d'autorité auprès du jeune car il craint les réactions agressives et ne supporte pas d'être, même momentanément, mal aimé ou malmené par l'adolescent.

Et le parent, l'enseignant et l'éducateur, qui sont trop loin de l'adolescent, ne réagissent pas et ne s'adaptent pas aux attitudes et aux conduites du jeune, ou bien ils ont des exigences éducatives invariables qu'ils appliquent sans tenir compte de ses réactions. Ces adultes sont soit indifférents à l'égard de l'adolescent, soit ils ne le supportent plus du tout et expriment leur exaspération par des réactions violentes ou rigides.

CONSEILS

Chercher et trouver le juste milieu

1. Faites attention à la manière dont vous parlez à l'adolescent. Ne cherchez ni à le juger, ni à le blesser, ni à l'infantiliser, ni à le provoquer…

2. Acceptez de discuter avec l'adolescent quand il interroge en paroles les exigences et les interdits des adultes.

Donnez-vous la possibilité d'aménager et de négocier avec lui ces exigences au fur et à mesure qu'il grandit.

3. Discutez des conflits. Ne les évitez pas, ne les envenimez pas. Jouez le rôle de modérateur.

4. N'oubliez pas d'être sensible, ému, de vous laisser « toucher » par les attitudes, les conduites et les paroles de l'adolescent.

Réagissez d'une manière verbale et mesurée.

▶ Protéger et contenir l'adolescent

Au début de l'adolescence, les adolescents « sont agis » plutôt qu'ils n'agissent, car ils sont sous l'emprise des exigences pulsionnelles. Puis, progressivement, ils vont prendre du recul face aux situations nouvelles dans lesquelles ils sont impliqués.

Les adolescents doivent donc être protégés par leurs parents, car ils sont vulnérables. Ils ne connaissent pas toujours les limites corporelles et sociales à ne pas dépasser et ils en font parfois l'expérience à leurs dépens. Les parents ont à les protéger des expériences traumatisantes, des **conduites à risques** et de leurs conséquences. À travers ces conduites (assez fréquentes durant l'adolescence), le jeune a l'impression de maîtriser son corps, d'exister pour lui-même et non plus pour ses parents. Son corps lui appartient, il en est propriétaire. Il veut être libre de l'utiliser comme il en a envie. En actes, il teste ses possibilités et repère s'il peut réaliser absolument tout ce qui lui passe par la tête et le corps. Il désire vivre une vie intense, extraordinaire, pleine d'imprévus, d'émotions ; une vie qui ne ressemble pas à la vie quotidienne des adultes qui l'entourent. Les jeunes doivent aussi être contenus (par la parole) et par leurs parents ou leurs interlocuteurs adultes, car ils n'apprennent que très progressivement à gérer leurs pulsions et leurs désirs et à nuancer les émotions, sentiments et opinons qui les envahissent.

Les **conduites à risques** sont toutes les conduites qui mettent le jeune en danger : conduites motorisées ou automobiles (excès de vitesse, infractions au code de la route…), conduites addictives (toxicomanie, absorption d'alcool, boulimie, anorexie…). Au cours de ces conduites, l'adolescent interroge les limites de son corps et les limites sociales : jusqu'où peut-il aller ? Que ressent-on lorsque l'on prend des risques ? Toutes les expériences peuvent-elles être tentées ? Comment évacuer rapidement les tensions ressenties ? Pourquoi faut-il respecter les interdits ?

Cependant, les parents ne doivent pas se laisser déstabiliser par les puissantes exigences, la rage de vivre, les réactions excessives et variables, les conduites rapides et spontanées des adolescents, et ne doivent pas accomplir ces nouveaux rôles d'une manière rigide, indifférente, autoritaire ou agressive.

CONSEILS

Comment contenir l'adolescent

1. Réservez-vous de temps en temps des moments de réflexion pour définir les limites et les interdits dont l'adolescent a besoin pour se construire.

2. Ne réagissez pas trop vite, ne répondez pas dans l'immédiateté face à une attitude ou conduite excessive. Mais montrez par un temps d'arrêt, un regard... que vous remarquez qu'il se passe quelque chose. Essayez de contenir votre spontanéité : soyez vigilant pour ne pas laisser vos gestes, vos regards et vos attitudes parler à votre place.

3. Ne réagissez pas en miroir. Ne vous laissez pas gagner par les émotions, les réactions excessives et les changements de l'adolescent.

4. Ayez des réactions relativement stables : face à une situation qui se répète, ne changez ni trop vivement ni trop souvent d'avis ou de réaction.

5. Ne jugez pas d'une manière trop abrupte ses conduites, mais aidez-le à réfléchir. Ne lui faites pas la morale, mais donnez-lui les éléments nécessaires pour qu'il puisse la trouver par lui-même.

6. Développez votre créativité pour communiquer avec lui :
– dites-lui ce que vous avez à lui dire avec bienveillance et éventuellement avec humour. Demandez-lui d'en faire autant avec vous ;
– n'hésitez pas à répéter vos remarques, autant de fois que nécessaire, sans exaspération.

LA SEXUALITÉ DE L'ADOLESCENT

Jusqu'à la puberté, certains jeunes peuvent parfois présenter un désintérêt apparent à l'égard de leur corps et de leur sexe. À partir de la puberté, ils ne peuvent plus faire l'impasse sur leur identité physiologique. Un choix s'impose, ils doivent **s'identifier dans un sexe donné** et s'accepter garçon ou fille. De préférence en accordant le « sexe du corps » avec « le sexe qu'ils désireraient avoir. »

Identification sexuelle : au cours de l'adolescence, le jeune va abandonner le fantasme de bisexualité imaginaire, fantasme inconscient, qui lui permettait de se croire à la fois garçon et fille.

▶ Apprivoiser les nouvelles pulsions sexuelles

Les brusques poussées pulsionnelles génitales peuvent conduire l'adolescent à vouloir décharger brutalement les tensions ressenties. Les expériences sexuelles multiples et la masturbation peuvent alors avoir pour fonction essentielle de décharger, de satisfaire les pulsions sexuelles. La visualisation de films présentant des scènes sexuelles a pour fonction de leur fournir des savoir-faire pour aborder leur propre sexualité.

Au début de l'adolescence, les adolescents « sont agis » plutôt qu'ils n'agissent, car ils sont sous l'emprise des exigences pulsionnelles.

La **régression** est l'un des mécanismes de défense les plus habituels dans la vie psychique normale et pathologique. Il s'agit d'un retour vers un mode de fonctionnement mental et affectif antérieur.

Les **pulsions orales** ont pour point de départ l'ensemble de la cavité buccale ainsi que les organes de la phonation et de la respiration. La satisfaction de ces pulsions représente l'activité principale du petit enfant. Fumer, boire, mâcher du chewin-gum ou manger permettent de liquider l'excitation pulsionnelle ressentie.

Mais l'adolescent peut être aussi troublé, fragilisé par les émotions, sensations et excitations nouvelles produites par ces pulsions.

Exemple : **Bettina** est par moments prise de fringales terribles. Elle mange alors à tout instant sans pouvoir se contraindre. Elle n'arrive sans doute pas encore à gérer les tensions produites par l'éruption des pulsions sexuelles. Pour essayer d'évacuer ces tensions, elle **régresse** vers la **pulsion orale**. La peur de la nouveauté la conduit à retourner vers des sensations liées à son enfance et qui lui sont familières.

Le caractère incoercible de la pulsion, qui exige une satisfaction immédiate, envahit le langage de l'adolescent. Au collège, par exemple, les adolescents et les adolescentes peuvent s'interpeller avec des épithètes à forte connotation sexuelle ou agressive. Ils truffent leur vocabulaire d'expressions ou de mots brutaux et crus qui révèlent leurs préoccupations concernant la sexualité et l'amour. Ainsi, adultes et copains peuvent-ils devenir la cible des pulsions sexuelles et agressives de l'adolescent. Ces pulsions étant alors exprimées en paroles.

Exemple : Durant son cours, un enseignant confisque un cahier de texte qui circulait depuis un moment dans la classe entre trois jeunes filles de 14 ans. Il y lit, effaré, parmi des expressions vulgaires : « Je t'aime Cécile, j'ai envie de toi... » Lorsqu'il raconte et montre le cahier à l'un de ses collègues, il est encore sous l'effet de la surprise : « Je n'aurais jamais imaginé, lui dit-il, que ces jeunes filles, qui paraissent des petites filles bien sages, soient à ce point dépravées sur le plan du langage et déjà homosexuelles ! »

L'écart culturel important qui existe entre adolescents et adultes, sur le plan du langage sexuel et des émotions qui y sont attachées, est sans doute responsable de la précipitation des adultes. Et les attitudes négatives des adultes qui confisquent les cahiers de texte et énoncent des sanctions accentuent cet écart, car elles dramatisent des faits qui, dans la culture des uns, sont inacceptables, mais qui sont largement répandus et banalisés dans la culture des autres.

Il n'est donc pas inutile d'acquérir une certaine tolérance à l'égard de ces expressions adolescentes, sans les banaliser et sans les dramatiser. Pour essayer d'attirer l'attention du jeune sur ce qu'il dit ou fait, il est souhaitable d'éviter de montrer ou d'exprimer trop rapidement des réactions trop vives. Pour l'aider à y réfléchir, sans le mettre en position d'hostilité ou d'évitement, il est nécessaire de manifester un réel intérêt pour l'« événement » et la manière dont il s'est déroulé. Après l'avoir écouté le plus sereinement possible, il est souhaitable de le questionner. Cette interrogation lui permettra d'envisager l'ensemble des réactions possibles (de la souffrance à l'indifférence, en passant par la surprise) que ses propos ont pu ou auraient pu produire chez ceux auxquels ils étaient destinés et chez ceux, plus largement, qui les ont entendus. Enfin, on peut attirer son attention sur les différents sens de l'événement. Il pourra ainsi découvrir que d'autres personnes ont interprété de manières très diverses ses paroles ou son acte.

Exemple : Le mercredi après-midi, un groupe d'adolescentes de 14 ans, fréquentant le même collège, se retrouve régulièrement chez l'une d'elles pour regarder un film pornographique loué au vidéo club voisin.

La curiosité à l'égard de la sexualité est fréquente durant toute la période de construction psychique de l'enfant. Elle a toujours existé. Au moment de l'adolescence, cette curiosité devient plus pratique car elle essaie de répondre à la question : « Comment s'y prendre pour draguer, faire l'amour… ? » Les adolescents posent quelquefois ce type de question à des adultes, parents, éducateurs, spécialistes de l'affectivité et de la sexualité…, mais ils en parlent bien souvent entre eux et se régalent mutuellement des récits, des informations que les uns et les autres possèdent. Les films pornographiques apportent aux adolescents des sensations supplémentaires, car les images suscitent des émotions, des excitations intenses, des réactions physiques, et procurent à certains adolescents une satisfaction **hallucinatoire** de leurs pulsions sexuelles. À travers ces images, certains adolescents constituent leur répertoire de représentations mentales et sociales de la sexualité. C'est en partie dans ce répertoire qu'ils piocheront lorsqu'ils se trouveront eux-mêmes en situation.

L'**hallucination** est une image mentale, visuelle, auditive… Dans certains cas, cette illusion procure une satisfaction de la pulsion équivalente à celle ressentie lorsque le corps vit l'expérience.

Exemple : Madame C., infirmière en lycée, rencontre les élèves de 2de et 1re, en petits groupes, dans le cadre d'une information sur l'affectivité et la sexualité. Elle mène ces séquences avec beaucoup de tact, se mettant à l'écoute des jeunes et ne réagissant pas trop rapidement aux réflexions des uns et des autres. Ceux-ci se risquent alors, soit dans le cadre du groupe, soit lors d'un échange personnel avec elle à la suite de ces séquences, à apporter leurs questionnements.

Un garçon s'étonne que sa copine soit exclusive : « Je ne vois pas pourquoi, dit-il, elle refuse de coucher avec mon meilleur copain… » Un autre s'inquiète : « Je dois être anormal sur le plan sexuel, lui confie-t-il, seul à seul. Lorsque je regarde un film pornographique, je vois que les hommes peuvent faire l'amour plusieurs fois de suite. Or, moi, quand je l'ai fait une fois, je suis épuisé ! »

Ces adolescents prennent au pied de la lettre les images et les représentations véhiculées dans ces films. Ils manquent ou ont manqué d'interlocuteurs adultes pour les aider à relativiser ce qu'ils voient et entendent, pour chercher leur propre voie. Ils sont ainsi amenés à confondre sexualité et pornographie, à réduire la sexualité à une prouesse technique, à considérer le partenaire comme une chose au service de leur satisfaction pulsionnelle, à se culpabiliser de ne pas être à la hauteur de ce qu'ils croient être la sexualité, et à oublier l'essentiel : l'amour rend vulnérable celui qui se risque à aimer.

Se situer ni trop près ni trop loin de l'adolescent

Le domaine sexuel, parce qu'il est chargé d'une manière très forte sur les plans émotionnel et affectif, est sans doute celui où les parents ont le plus difficulté à trouver la bonne distance avec leurs adolescents. Il est plus fréquent d'être trop près « pour tout savoir » ou trop loin « pour ne rien en savoir ». D'autant plus que le contenu de cette bonne distance varie avec l'âge de l'adolescent, qu'elle est obsolète à peine trouvée et doit en conséquence être sans cesse recherchée pour être très rapidement modifiée.

Exemple : **Emmanuel**, 18 ans : « Ces parents dont j'ai absolument besoin et dont je peux parfaitement me passer. On a besoin des parents. On a besoin de compter sur eux. Mais ils ne doivent pas nous envahir et surtout pas nous larguer ! »

Trop près ou trop loin, les parents ne supportent pas de perdre le contrôle sur leur adolescent jusques et y compris dans sa vie affective et sexuelle. Trop près, ils envahissent l'adolescent, ne renonçant pas du tout, et cela le plus longtemps possible, à l'exclusivité de la maturité sexuelle. Ils présentent une grande curiosité à l'égard de la sexualité de leur fils ou de leur fille. Trop loin, ils larguent leur fils ou leur fille beaucoup trop tôt. Ils renoncent tout de suite et entièrement à s'intéresser à son évolution affective et sexuelle. Ils refusent d'en entendre parler et évitent les discussions à ce sujet.

L'amour et la sexualité relèvent, dans l'espace privé, de l'ordre de l'intime dans lequel on entre exclusivement sur invitation. Dans tous les autres cas, on y pénètre par effraction. Le parent qui reste trop loin n'entend pas l'invitation et le parent qui est trop près pénètre toujours dans l'univers affectif de son adolescent sans y avoir été invité.

CONSEILS

1. Observez ce que vous ressentez par rapport à l'évolution affective et sexuelle de votre adolescent, car vous pouvez traverser, vous aussi, comme votre adolescent, une véritable crise. La problématique (affective, sexuelle, relationnelle...) de votre fils ou de votre fille peut produire en vous un effet d'écho ou de résonance et amplifier vos propres interrogations.

2. Ne cessez pas, discrètement, de regarder vivre et d'écouter l'adolescent :

– soyez vigilant et réagissez, à son égard, toujours en paroles ;

– ne lui demandez pas de tout vous raconter : il n'est pas votre ami intime. Intéressez-vous un peu à lui : il n'est pas un étranger.

3. Au fur et à mesure qu'il grandit, essayez de lui poser de moins en moins de questions, mais tentez de vous rendre disponible quand il souhaite communiquer avec vous.

4. N'ayez pas une vision trop dramatique de la sexualité :

– évitez de vous focaliser sur des craintes (peur des expériences qu'il pourrait faire, d'une éventuelle contamination par le sida...). Vos peurs peuvent le troubler profondément. Informez-le sans le désinformer, ni le culpabiliser ;

– ne vous réjouissez pas de ses expériences. N'en parlez pas à tout le monde autour de vous. Il peut percevoir votre grand intérêt pour sa vie affective et sexuelle comme une provocation.

Être un parent à bonne distance de son adolescent, c'est accepter progressivement d'être en dehors de la vie amoureuse et sexuelle que son fils ou sa fille est en train de se construire, sans se désintéresser de ce qu'il vit.

La sexualité ne se montre pas et ne se raconte pas aux parents. Ceux-ci doivent accepter progressivement de n'en plus rien savoir, et se contenter de s'en apercevoir. Ils doivent aussi supporter la frustration d'être dans une certaine ignorance, tout en laissant l'adolescent vivre ce qui jusque-là leur était réservé. Les parents donnent ainsi à leur fils ou à leur fille un espace qui lui appartient en propre et grâce auquel il pourra se différencier. Ils le soutiennent aussi dans la différenciation des générations. Ils sont ses parents et non ses copains. Ils diminuent ainsi les risques de rivalité à son égard.

chapitre 5

Ouvrir au dialogue

Certains adolescents ne font pas parler d'eux. Ils sont discrets, peu opposants, passifs et parfois trop silencieux. Ces attitudes, en général déjà présentes durant l'enfance, se renforcent pendant l'adolescence.

Les enseignants ne les connaissent pas, et ne peuvent pas toujours mettre un visage sur leur nom ou un nom sur leur visage. Les parents se font du souci à leur propos, en particulier quand ils présentent des difficultés scolaires. Les uns aimeraient que l'adolescent soit plus sociable, plus entreprenant, plus dynamique. Les autres souhaiteraient entendre le son de la voix de leur fils ou de leur fille de temps en temps. La communication verbale n'est guère facile avec ces adolescents qui ne parlent pas, ne supportent pas qu'on leur parle ou fuient les relations avec les autres.

IL NE COMMUNIQUE PAS

Les interlocuteurs d'un adolescent sont particulièrement démunis quand celui-ci ne réagit pas, ne s'exprimant ni par la parole ni de manière non verbale. Il ne répond pas à leurs questions, à leurs demandes, à leurs propositions. Il manifeste peu de réactions gestuelles ou motrices. Les parents ou les enseignants s'interrogent alors (sans pouvoir trouver de réponses) sur ce qui peut bien se passer à l'intérieur de ce jeune : gère-t-il d'une manière intériorisée toutes les questions qu'il se pose, tous les conflits... ou, au contraire, étouffe-t-il sa problématique psychologique au point de s'inhiber lui-même ?

▶ Il ne parle pas et ne répond pas

C'est un adolescent dont on ignore ce qu'il pense. Il semble écouter, mais il ne parle pas, aussi les adultes savent-ils peu de choses sur lui. Ils ont parfois l'impression de parler à un mur quand ils s'adressent à lui.

Exemple : **Albane** n'a pas parlé au cours de son adolescence. Elle a contenu à l'intérieur d'elle-même tous ses questionnements, ses désirs, ses craintes... Elle masquait ses émotions et ne répondait pas à ses parents lorsque ceux-ci essayaient de recueillir des informations sur ce que vivait leur fille. Invariablement, Albane leur répondait que tout allait bien. La communication verbale, entre elle et sa famille, existait cependant. Elle se réduisait à la stricte information : « Je rentre à 20 heures ce soir... »

Durant toute cette période, les parents d'Albane ont eu l'impression de vivre avec une inconnue et se sentaient frustrés d'être totalement mis à l'écart et de ne pas pouvoir discuter avec leur fille. À cette frustration s'ajoutait une question lancinante : « Souffre-t-elle psychiquement ? »

Et elle devait souffrir puisqu'elle ne parlait pas. Dans notre culture, le dialogue étant un signe de bonne santé psychique et relationnelle, l'absence de dialogue, en particulier dans le cadre de la famille, est souvent perçue comme le signe d'une souffrance individuelle. Celui qui ne parle pas ne va pas bien.

L'inquiétude des parents est parfois tout à fait justifiée et nécessite une rencontre avec un spécialiste de la relation, psychologue ou psychiatre. Mais avant de s'angoisser, les parents peuvent essayer d'évaluer la situation par eux-mêmes en observant si l'adolescent a maintenu une certaine communication avec d'autres personnes, ses amis notamment, et s'il utilise d'autres outils que le langage pour communiquer. Communique-t-il avec ses yeux, par des gestes, par des attitudes, avec son corps ? Enfin, réagit-il, même discrètement, à ce que ses parents lui disent ? Ces informations peuvent être recherchées aussi auprès d'autres membres de la famille, auprès des parents des amis de l'adolescent s'ils l'ont accueilli durant quelques jours ou auprès des organismes avec lesquels l'adolescent a voyagé. Ces appréciations différentes permettent aux parents de relativiser leurs jugements et leurs inquiétudes, à condition qu'ils acceptent de se laisser surprendre lorsque les informations entendues ne sont pas conformes à leur perception de l'adolescent. Ce qu'ils feront s'ils ne se sentent pas coupables d'avoir une communication difficile avec leur fils ou leur fille. Ils accepteront ces informations nouvelles sur leur adolescent s'ils ne se mettent pas en position de rivalité avec ceux qui réussissent à dialoguer avec leur adolescent.

C'est un adolescent dont on ignore ce qu'il pense.
Il semble écouter, mais ne parle pas.

CONSEILS

Comment agir face à un adolescent qui ne communique pas

1. N'interprétez pas ses silences dans le registre moral : « Il le fait exprès », « Il se moque de moi… »

2. Ne calquez pas votre attitude sur la sienne :

– continuez à communiquer avec lui. Ne cessez pas de lui parler quand vous avez quelque chose à lui dire. Il vous entend et vos paroles font sans doute effet en lui, mais vous ne le savez pas ; lui seul le sait ;

– n'en profitez pas pour parler à sa place.

3. Maintenez un lien verbal entre lui et vous. Dites-lui, avec bienveillance et sous forme interrogative, ce que vous voyez, ce que vous savez et ce que vous comprenez de lui. Par Exemple : « Est-ce que tu n'es pas en train de… ? »

4. Tolérez-le tel qu'il est :

– ne l'obligez pas à répondre à vos questions coûte que coûte ;

– stimulez sa parole intérieure en le questionnant ;

– encouragez-le à se répondre intérieurement à lui-même.

Dans un grand nombre de cas, les adolescents ne supportent pas les questions de leurs parents, qui semblent faire intrusion dans leur vie ou qui paraissent les infantiliser. La mise à distance, l'autonomie et l'indépendance à l'égard de leurs parents s'expriment par leurs silences, leurs refus de répondre aux questions posées. Mais ce n'est pas parce qu'un adolescent ne parle pas à ses parents ou ne répond pas qu'il n'a pas de parole intérieure ou qu'il n'entend pas.

▶ Lorsque la communication est rompue

Un événement, parfois minime pour le parent, est souvent à l'origine de cette rupture de communication.

Exemple : Cela fait 15 jours que **Marie** évite sa mère, refuse de lui répondre quand elle lui parle (y compris sur des questions de la vie ordinaire). Elle semble butée et elle fuit dès que sa mère, voulant sortir de cette impasse, lui dit : « Marie, il faut que je te parle. »

Marie est une adolescente qui, par ailleurs, n'a pas modifié sa vie quotidienne. Elle continue à se rendre au collège, à rencontrer ses amis…

Si Marie refuse, pour le moment, la discussion avec sa mère, celle-ci ne doit cependant pas cesser de communiquer avec sa fille. Elle peut se mettre elle-même au travail pour rechercher le point de départ de cette situation de rupture. Elle peut aussi faire régulièrement part de ses suppositions et de ses réflexions à sa fille sous la forme interrogative : « Marie, aide-moi à comprendre ce qui se passe. Est-ce que c'est à cause de… ? » Marie ne réagira peut-être pas tout de suite, mais la démarche tranquille et persistante de sa mère l'amènera progressivement à se remobiliser, à se remettre en route et à abandonner sa propre situation de blocage.

Il n'ose pas communiquer

Exemple : **Maëlle** est une adolescente qui, dans un groupe, passe inaperçue. Elle ne parle pas mais écoute avec attention. En classe, au lycée, elle rougit et bafouille dès qu'un professeur s'adresse à elle, tant elle craint de dire des bêtises devant les autres et d'être l'objet de leurs sarcasmes. Elle n'ose pas s'adresser à un inconnu. À la maison, Maëlle n'ose pas se servir du téléphone : elle ne répond jamais lorsque le téléphone sonne et n'appelle jamais personne.

Maëlle agace ses parents par ses hésitations incessantes qui débouchent le plus souvent sur une situation de refus ou de blocage que la jeune fille regrette par la suite. Maëlle aimerait bien participer à une discussion mais elle n'ose pas exprimer sa pensée. Elle a essayé de se forcer à prendre la parole parmi des amis, mais elle était tellement émue qu'elle en a oublié ce qu'elle avait à dire. Une fois de plus, elle a bafouillé et s'est sentie ridicule. D'ailleurs, elle se sent tout aussi ridicule quand elle ne dit rien.

La peur de dire des bêtises ou l'impression de n'avoir rien à dire de suffisamment intéressant peut révéler une grande exigence par rapport à soi-même. L'adolescent est honteux de ne pas être à la hauteur de ses espérances : il ne s'autorise pas à tenir, devant les autres, des paroles banales. De plus, parler peut l'effrayer quand il craint de se dévoiler et d'être dévoilé par ses propos. L'adolescent qui n'ose pas communiquer peut être pris dans un conflit sans issue entre parler ou ne pas parler. Ne pouvant lui-même faire un choix, il attend que les événements ou des personnes décident à sa place.

Il peut être utile pour les parents et les enseignants de s'apercevoir du malaise de l'adolescent face aux autres, non pour lui en faire la remarque en public, mais pour lui permettre, en privé, de percevoir la gêne que ce trouble lui occasionne. L'adolescent peut se sentir soulagé quand il s'aperçoit que ses parents ont perçu ce qui le faisait souffrir. Ceux-ci peuvent l'aider à réfléchir sur ce qui se passe en lui et sur son désir de voir cette situation évoluer. Il ne s'agit pas d'obliger l'adolescent à faire ce qu'il redoute de faire, mais de le rassurer, de le soutenir et de lui permettre de prendre des risques : accepter de se tromper, de dire des paroles banales (voire des bêtises), de se trouver dans une situation imprévisible, de ressentir des émotions inattendues… sans se dévaloriser ou se culpabiliser.

IL NE SE FAIT PAS REMARQUER

La discrétion de l'adolescent a souvent une fonction protectrice. Lorsqu'il ne dérange personne, il ne risque pas d'être dérangé. Mais ces jeunes, de moins en moins sollicités par leur entourage, parce qu'ils ne lui répondent pas, peuvent se trouver dans une situation de grand isolement.

▶ L'adolescent discret

Exemple : **Benoît** est un adolescent calme, particulièrement discret. Il rencontre ses copains à la sortie du lycée et ne manifeste pas le désir de les voir à d'autres moments. Il reste paisiblement dans sa chambre, chez ses parents, occupant son temps entre son ordinateur, ses livres et la télé. C'est un jeune dont on ne parle pas en classe et qui passe inaperçu, car il ne s'exprime pas. Il a des résultats scolaires tout à fait moyens. On lui reproche son manque de participation.

Benoît évolue parmi les autres sans se faire remarquer. Il essaie de ne pas s'exposer aux regards des autres. Aussi s'adapte-t-il *a minima* aux situations dans lesquelles il est embarqué. C'est un adolescent qui a l'air de ne vouloir déranger personne et de souhaiter vivre une existence tranquille, un peu ralentie. Il surprend par son manque de réactions typiquement adolescentes. Il passe de très longs moments dans sa chambre et se réfugie fréquemment dans les bandes dessinées, la musique ou devant son ordinateur.

Les attitudes de Benoît peuvent être défensives. Son existence discrète – il a peu de besoins – lui permet de ne pas se laisser solliciter sur le plan pulsionnel. Son intérêt pour les jeux vidéo le protège de ses conflits internes et de ses questions identitaires.

À l'adolescence, chaque jeune perd le sentiment de permanence, de continuité de lui-même, du fait des changements corporels qu'il subit. Ceux-ci représentent une véritable menace pour lui. Et il se demande comment il peut rester le même alors qu'il change sans cesse.

L'adolescence est donc une période d'adaptation aux changements (physiques, psychologiques...). Cet apprentissage est l'équivalent d'un véritable travail de deuil[1]. L'adolescent doit accepter de perdre ce qu'il a été pour se tourner vers ce qu'il sera, sans savoir à quoi ce futur correspond. Cette situation peut être vécue comme angoissante et déprimante. La **dépression** est, pour l'adolescent, une réponse à un danger. L'adolescent déprime, car il a peur de perdre l'image de lui-même, son Moi, ses idéaux, ses relations aux autres...

La **dépression** est assez fréquente durant l'adolescence et ne présente pas toujours un caractère pathologique. Elle s'exprime dans l'ennui, le manque d'intérêt, le sentiment de fatigue, de monotonie, de tristesse, d'inutilité, la morosité...

Le Moi de l'adolescent va apprendre progressivement à gérer les poussées pulsionnelles. Il a pour tâche de récupérer l'énergie contenue dans l'inconscient, de tolérer ou non les exigences pulsionnelles et de les adapter aux exigences du monde extérieur. Le monde interne de l'adolescent devient ainsi un lieu de conflit et un lieu d'angoisse. Lorsque le Moi est défaillant pour gérer les poussées pulsionnelles, ou qu'il craint de l'être, il se protège par des mécanismes de défense. L'inhibition mentale peut le mettre à l'abri des conflits et lui éviter de faire des expériences nouvelles qui pourraient le déstabiliser. Grâce à cette conduite, l'adolescent n'a pas à gérer de conflits internes. Il ne veut pas savoir ce qui se passe en lui et inhibe l'expression de son monde intérieur. Il ne fait pas parler

1. « Comme l'endeuillé, l'adolescent reste à certains moments abîmé dans le souvenir de ses objets perdus et, comme lui, l'idée de la mort lui traverse l'esprit. Mais comme la dynamique du deuil normal permet d'en entreprendre le travail, celle de l'adolescent fait que rien ne se fixe. » Haim A., *op. cit.*

de lui parce qu'il fait taire sa parole intérieure. Le Moi peut aussi protéger l'adolescent contre l'angoisse. Il fait alors appel à des mécanismes de défense comme le refoulement, le clivage ou l'intellectualisation.

Benoît semble utiliser d'une manière fréquente l'intellectualisation. Ce mécanisme permet à l'adolescent de se réfugier dans le monde de la pensée, des idées, des concepts, de la technologie, des images. Il ne pense pas par lui-même, ni à lui-même. Il fuit les rencontres avec les autres. Il désinvestit ainsi le domaine affectif, émotionnel, pulsionnel, producteur de conflits internes.

▶ L'adolescent passif

Les parents et les enseignants se plaignent parfois de la passivité des adolescents. À certains moments, les jeunes ne semblent rien désirer du tout, ou ne savent pas ce qu'ils veulent. Ils manquent d'intérêt et de motivation pour tout ce que les adultes leur proposent et paraissent attendre indéfiniment quelque chose qui ne se produit pas. Dans le cadre familial, la passivité de l'adolescent peut se mesurer au nombre d'heures passées chaque jour devant la télévision.

Celle-ci protège momentanément le jeune de ses conflits en fantasmant et en rêvant à sa place. Devant une émission, une série… l'adolescent vit par procuration. Dans le cadre scolaire, la passivité de l'adolescent se traduit par le désintérêt, le manque de participation à la vie de la classe et aux contenus de l'enseignement.

Exemple : Madame M., professeur de français en collège, raconte : « Lorsque mes élèves s'installent à leur place en classe, ils gardent leur blouson, leur écharpe, leurs gants, mettent leur sac à dos sur la table devant eux et attendent. Je dois leur dire, à chaque cours, de sortir leurs affaires. Non seulement ils ne le font pas spontanément, mais je dois me fâcher pour qu'ils ouvrent leur sac et en tirent, en ronchonnant, leur matériel. »

Ces attitudes et conduites répétitives de certains adolescents en classe ont tendance, aujourd'hui, à s'étendre et à toucher de plus en plus d'élèves. Il s'agit, pour l'enseignant, de ne se laisser déstabiliser par ces comportements, ni de s'épuiser en vaines remarques, ni de devenir indifférent…

EXERCICE

Réagir dans le cadre scolaire

Essayez, avec des collègues, de vous informer pour comprendre les différentes significations de ces attitudes et conduites : discutez-en entre vous et avec vos partenaires extérieurs, notamment les éducateurs de prévention, les animateurs de centres sociaux, de loisirs…

Il s'agit de comprendre pour agir ensuite de manière adaptée.

Comprendre	Agir
Attitude d'opposition (manière de dire « non » au professeur)	Acceptez cette opposition et nommez-la : « Je vois que vous n'avez pas envie de travailler. » Reconnaissez cette opposition comme légitime : « C'est votre liberté de ne pas avoir envie de travailler. » ; mais cette liberté est inadéquate à l'école : « Vous êtes là pour apprendre ; je suis là pour vous transmettre des savoirs… » Conviez-les à mettre en tension leur désir et l'exigence scolaire : « Je vous demande de faire momentanément un effort, alors que vous avez envie de faire autre chose… »
Attitude conformiste à l'égard de la culture adolescente (se différencier des adultes – ne pas jouer le jeu scolaire)	Acceptez la culture adolescente et identifiez-en les différents aspects. Mettez cette culture en parallèle avec la culture scolaire. Apprenez-leur à résister aux pressions sociales (faites-les travailler sur des situations concrètes en adoptant les points de vue des différents protagonistes de l'histoire).
Souffrance psychique de l'adolescent	Donnez à l'adolescent en souffrance la possibilité de parler librement seul avec vous. N'aiguillez pas trop vite cet adolescent vers le spécialiste (infirmière scolaire, assistante sociale…). Accompagnez-le dans ses démarches.
Tester l'adulte (comment va-t-il réagir ?)	Ne vous laissez pas déstabiliser par les épreuves auxquelles les adolescents soumettent les adultes qu'ils ont en face d'eux. Tentez de ne pas réagir de manière trop émotionnelle, dans le rapport de pouvoir (« Je vous interdis de me parler comme ça ») ou de manière trop rigide. Réagissez devant le groupe avec humour, aidez les adolescents à réfléchir sur ce qu'ils disent ou font, sans leur faire la morale tout de suite. Reprenez ensuite l'événement avec l'auteur des faits, dans le cadre d'une relation individualisée.

La passivité des jeunes est parfois liée à leur absence totale de responsabilité dans une situation donnée. Ils attendent alors que les adultes pensent et agissent à leur place. Mais ils critiquent aussitôt les décisions et les actions prises par ces mêmes adultes. Or, il est possible d'intéresser les adolescents à la vie du groupe scolaire, ou familial, à condition de les écouter quand ils s'expriment, de tenir compte de leurs avis, opinions ou suggestions et de les recadrer quand ils s'essoufflent ou se démotivent.

Exemple : Avant le départ d'un groupe d'adolescents pour un camp durant une semaine, moniteurs et jeunes ont élaboré ensemble un contrat portant notamment sur la consommation de tabac. Ils ont ainsi défini et réparti sur la journée les moments, les lieux et le nombre de cigarettes que chaque fumeur s'engageait, de lui-même, à ne pas dépasser.

La vie relationnelle dans un groupe, dans la classe dépend de tous les participants et pas seulement de l'animateur ou de l'enseignant. À son niveau, chacun est responsable de l'atmosphère qui règne dans le groupe. Chacun peut avoir un rôle à jouer pour réguler les tensions, contenir l'agressivité, stimuler les plus discrets… L'enseignant peut rechercher avec ses élèves les stratégies concrètes et adaptées aux possibilités de chacun et soutenir chaque élève pour que celles-ci soient mises en pratique. De plus, une mise au point régulière sur le climat qui règne dans le groupe, sur les difficultés interindividuelles, sur les conflits et les tensions stimulera l'attention des adolescents. Ces stratégies (ou démarches) ont une véritable efficacité lorsque l'enseignant se rend disponible, écoute les adolescents dans toutes les dimensions de leurs communications et s'intéresse vraiment à ses élèves pour établir avec eux une relation de confiance. Les adolescents sont demandeurs de relations et d'échanges avec les adultes.

Exemple : Une enseignante, Madame J., part quelques jours pour un voyage de fin d'année, avec des élèves qu'elle suit depuis le début de l'année scolaire. Dans le car qui les conduit, trois jeunes filles lui demandent :

— Ce soir, vous viendrez dans notre chambre ?

— Oui, répond Madame J., après 22 heures 30, lorsque j'aurai fermé les portes…

— Non, il faudra venir bien avant pour discuter ; on ne se voit jamais ; on ne peut pas se parler !

Dans le cadre familial, les parents peuvent inventer avec leurs enfants des moments privilégiés au cours desquels ils feront ensemble le point des situations qui ont posé problème aux uns ou aux autres. Il peut s'agir de conseils dans lesquels chacun a le droit de s'exprimer librement sous le regard attentif et bienveillant des autres et dont l'un des parents ou l'adolescent est à tour de rôle le modérateur.

CONSEILS

Amener l'adolescent consommateur-spectateur à devenir acteur dans le cadre familial et scolaire

1. Observez comment vous réagissez face aux attitudes de passivité des jeunes : sont-elles difficilement supportables pour vous ?

Ne tentez pas de les amener là où vous souhaitez qu'ils soient tout de suite et par la force de la persuasion ou de la sanction.

2. Recherchez les sens de ces attitudes :

– la passivité, le manque d'intérêt sont peut-être des mécanismes de défense contre l'anxiété;

– leur absence de désir d'apprendre signifie peut-être qu'ils préfèrent ne rien désirer du tout plutôt que de ne pas pouvoir satisfaire toutes leurs pulsions et tous leurs désirs, tout de suite. Ils se mettent alors en position de consommateurs de **savoirs** ou d'images (télévisuelles, cinématographiques...).

3. Stimulez leur curiosité intellectuelle en les aidant à s'approprier les connaissances que vous leur transmettez, ou à réagir face aux émissions et aux films qu'ils regardent :

– encouragez-les à ne pas cesser de penser et à avoir des émotions et des réactions devant le petit ou le grand écran. Sollicitez-les afin qu'ils les expriment;

– informez-les sur l'utilité des connaissances que vous leur apportez;

– reliez ces connaissances à leur vécu, à leurs expériences;

– transmettez ces connaissances, en vous appuyant sur des procédés ou des outils culturels : par l'image, le son, l'ordinateur...

4. Dès que possible, proposez, expliquez, discutez, négociez avec votre adolescent ou chacun de vos élèves un **contrat** préalable et individualisé portant :

– dans le cadre scolaire, sur ce que vous attendez mutuellement les uns des autres et auquel chacun adhérera, d'une manière solennelle;

– dans le cadre familial, sur les heures de consommation télévisuelle et les programmes;

– ce contrat, révisable, précisera aussi les différentes sanctions en cas de manquement à ses termes; sanctions que vous vous engagez à mettre en pratique;

– quand l'adolescent n'arrive pas, de lui-même, à respecter le contrat de consommation télévisuelle, soutenez-le en lui rappelant les horaires, en éteignant vous-même le poste de télévision...

L'adolescent consommateur réduit le **savoir** à sa fonction utilitaire, au besoin qu'il en a pour obtenir une note, un examen, un diplôme. Il est en position d'attente face aux savoirs comme un spectateur exigeant qui veut s'amuser sans effort.

Dans le cadre scolaire, ce **contrat** écrit peut être adapté à chacun et porter à la fois sur la vie à l'intérieur de la classe, le travail scolaire, les relations avec les autres en dehors de la classe... Il peut s'appuyer sur le règlement intérieur de l'établissement. L'adolescent signe ainsi un contrat moral avec lui-même, tout manquement aux termes de ce contrat devient une affaire de conscience personnelle.

chapitre

6

Prévenir l'agressivité

L'adolescent peut, à certains moments, entrer en communication avec les autres sur un mode conflictuel ou provocateur. L'agressivité lui permet de décharger les tensions qu'il ressent. Parfois intolérant aux contraintes, aux situations difficiles et à la frustration, l'adolescent se défoule en criant, en insultant quelqu'un, en donnant des coups de pied dans un objet situé à proximité... Les parents, les copains et certains adultes deviennent la cible de ces pulsions agressives.

L'AGRESSIVITÉ DES ADOLESCENTS

Quelques adolescents ont une image assez négative, voire péjorative de certains adultes. Aussi, s'autorisent-ils, à leur égard, des réactions vives et émotionnelles.

Exemples : « Les policiers, dit une jeune fille de 16 ans, viennent nous narguer dans nos quartiers. Ils nous surveillent comme si on était des petits enfants, en passant à côté de nous au ralenti dans leurs voitures et en nous regardant. On ne peut pas les supporter. »

Lors d'une rencontre avec un psychosociologue, des jeunes de collège, scolarisés dans une classe de 3e, sont amenés à parler de leurs relations avec les adultes : « On n'a pas du tout de problèmes avec nos parents, s'écrient en chœur la vingtaine d'adolescents réunis, mais on ne peut pas en dire autant avec les professeurs. Avec certains, ça se passe bien, mais, avec d'autres, c'est insupportable. Ils ne sont jamais contents, ils se plaignent sans arrêt de nous… »

« Si je fais des bêtises, mon père, il me tue ! » affirme à plusieurs reprises un jeune adolescent de 13 ans.

Dans la grande majorité des cas, les adolescents sont assez satisfaits de la qualité des relations qu'ils établissent avec leurs parents. Ils ont peu de reproches à leur faire. Certains jeunes, encore mineurs, vont même jusqu'à affirmer que leurs parents ne sont en aucun cas responsables des « bêtises » qu'ils peuvent faire. Les parents ne sont donc plus la cible privilégiée des pulsions agressives de leurs adolescents, car ils sont assez tolérants à leur égard, les relations parents/enfants étant axées aujourd'hui beaucoup plus sur l'amour échangé (aimer et être aimé) que sur les manières de se conduire en société. L'agressivité s'est ainsi déplacée sur des figures individuelles ou institutionnelles que les adolescents perçoivent comme frustrantes ou contraignantes, parce qu'elles leur imposent des conduites ou pointent leurs difficultés d'adaptation. Les familles et les médias renforcent parfois cette perception négative des adolescents en soutenant leurs récriminations vis-à-vis de la police ou de l'école. En effet, nous avons des attitudes paradoxales envers ces deux institutions : selon les moments, nous pouvons être soit hostiles, soit en position de demande et d'attente d'aide envers les policiers ou les enseignants.

Les parents qui dévalorisent, devant leurs adolescents, les enseignants ou les éducateurs, sont souvent en rivalité inconsciente avec les personnes qui s'occupent de leur fils ou de leur fille en dehors d'eux.

Exemple : La mère d'**Élise** suit de très près la scolarité de sa fille de 16 ans. Elle veut que celle-ci soit attentive en classe et écoute ses enseignants, mais elle les critique et les dénigre, devant la jeune fille, dès qu'ils n'agissent pas conformément à ses attentes.

Les attitudes contradictoires des adultes à l'égard de la police ou du corps enseignant ressemblent fort aux attitudes des adolescents quand ils fonctionnent suivant le mécanisme du clivage : certaines figures sont toutes bonnes quand d'autres figures sont toutes mauvaises.

Les policiers et les enseignants doivent essayer de ne pas se laisser déstabiliser par ces représentations négatives véhiculées par les familles, la société ou les adolescents eux-mêmes. Ils ne doivent pas non plus chercher à les inverser en adoptant les attitudes que les jeunes attendent. Mais ils peuvent essayer d'établir avec les adolescents des relations respectueuses qui leur permettront de prendre conscience que leur hostilité initiale à l'égard de telle ou telle personne n'était pas fondée.

De leur côté, les parents n'ont pas à soutenir systématiquement et immédiatement les discours agressifs des adolescents à l'égard des policiers ou de leurs enseignants. Ils ont d'abord à s'informer puis à s'exprimer ensuite d'une manière nuancée.

▶ L'expression des tensions internes

Dans la vie quotidienne, l'adolescent, fonctionnant psychiquement suivant le principe de plaisir, est régulièrement confronté à l'impossibilité de satisfaire immédiatement ses pulsions et ses désirs. Ces situations sont productrices de tensions, de frustrations parfois intolérables, auxquelles l'adolescent répond par une décharge pulsionnelle agressive. Les insultes, les gestes violents vis-à-vis des personnes ou des choses, les soupirs, les regards qui tuent, les crachats, etc., permettent aux adolescents de décharger les tensions internes et de se trouver momentanément dans un état de moindre tension.

Exemple : Madame M., professeur de français, a été choquée lorsqu'elle a entendu l'une de ses élèves insulter copieusement une camarade, car elle se sentait blessée (par identification à la jeune fille insultée). Elle a dépassé cette première réaction lorsqu'elle a appris que les adolescents déchargent à travers le langage leurs pulsions agressives. Cette information lui a permis de modifier sa propre attitude, qui consistait à réagir immédiatement et vivement.

Cette **réciprocité** est rendue possible quand on essaie de changer de point de vue en se mettant symboliquement à la place de l'autre et en imaginant ce qu'il ressent.

L'**ambivalence** permet de reconnaître que ni les autres ni soi-même ne sont ou totalement bons ou entièrement mauvais. Ainsi, les parents et les adolescents ambivalents peuvent éprouver de la colère les uns pour les autres sans que cela ne détériore leurs bonnes relations de base.

Les autres deviennent la cible des pulsions agressives parce qu'ils se trouvent là à ce moment-là. Et les situations de la vie quotidienne deviennent occasions de conflits avec ceux qui empêchent l'adolescent de satisfaire immédiatement ses envies et ses désirs. Les conflits étant culturellement mal supportés par les adultes, ceux-ci s'en agacent souvent. Or, les conflits font partie des relations humaines au même titre que l'amitié, la tolérance, l'amour... Il n'y a pas de relations sans conflits, à un moment ou à un autre. Les conflits et l'agressivité qui y est associée sont nuisibles, envahissants, destructeurs quand les personnes en ont peur, les fuient, les ignorent ou les banalisent.

Le mode conflictuel est fréquemment utilisé par les adolescents pour attirer l'attention des autres sur eux, pour communiquer ou pour imposer leur point de vue par la force (physique, des mots ou des intonations). En interaction avec d'autres personnes, leurs parents en particulier, ce mode de communication va permettre aux adolescents d'évaluer leur capacité à supporter, en retour, l'agressivité de leurs parents quand ils font des bêtises, oublient de faire ce qui leur est demandé, sont casse-pieds, provocateurs. Ils vont aussi tester le rôle et le pouvoir de leur agressivité en relation : leur permet-elle de déstabiliser, de maîtriser leur interlocuteur ou d'éviter la passivité ?

▶ Quelles attitudes adopter ?

Au contact de leurs éducateurs, les adolescents vont apprendre à percevoir, apprivoiser, canaliser et contenir leurs tensions, leurs émotions intenses, leurs réactions immédiates et excessives pour les exprimer ensuite d'une manière verbale et socialement adaptée.

CONSEILS

Comment se comporter face à un adolescent qui se conduit de manière violente

1. Essayez de réagir calmement et en paroles. L'agressivité, on la parle et on en parle :
– apprenez à percevoir, à contenir et à transformer vos agacements, réactions négatives, jugements, moqueries… ;
– demandez-lui paisiblement et fermement de se calmer quand il est énervé ou en colère ; et de reformuler autrement, d'une manière plus socialement adaptée, ce qu'il vient de dire, quand ses paroles sont brutales, agressives, grossières…

2. La parole doit suffire pour exiger, interdire et contenir. Ne cherchez pas à le contenir physiquement :
– dans une classe, rapprochez-vous d'un adolescent particulièrement agité, pour lui montrer que vous vous adressez à lui ;
– énoncez clairement les mots, les gestes, les attitudes que vous ne tolérez pas devant vous et chez vous ; ainsi que les sanctions correspondantes. Dites, répétez avec calme et sans agressivité.

3. Apprenez-lui à percevoir le mal que peut faire la violence : si vous êtes attentif à la souffrance que l'adolescent peut ressentir quand vous le réprimandez, et si vous lui dites que vous avez mal quand il est violent à votre égard, vous l'introduirez à la **réciprocité** des affects.

4. Ne répondez pas à l'agressivité par l'agressivité.

5. Ne réagissez pas immédiatement, du tact au tact. Contenez, filtrez les réactions corporelles (claques…) et verbales (cris) : prenez le temps de réfléchir à vos réponses et aux sanctions. C'est en paroles que sera appliquée la sanction.

6. Ne vous laissez pas totalement envahir par les réactions négatives, ni déstabiliser ou culpabiliser par les paroles ou les gestes agressifs :
– ne devenez pas furieux. Ne percevez pas l'adolescent comme entièrement insupportable. Aidez-le, aidez-vous à devenir **ambivalent**, à développer une bonne image de lui-même en cultivant, vous-même, une bonne opinion de lui.

7. Contrôlez la situation, ne dialoguez pas en situation de tension ou de conflit :
– arrêtez les discussions lorsque la tension monte. Reportez à plus tard l'échange verbal ;
– avec un adolescent, on peut toujours rediscuter, après coup, et autant de fois que nécessaire, d'une situation problématique.

L'ADOLESCENT EN GROUPE

Le dynamisme individuel est, durant l'adolescence, tourné vers la formation de groupes. Parallèlement, l'adolescent peut aussi nouer avec un ami du même sexe une relation privilégiée et avec une personne de sexe opposé une relation affective et sexuelle.

L'adolescent recherche un ami ou une amie avec lequel (ou laquelle) il va pouvoir discuter et partager de nombreux moments ou des émotions. La relation avec cet(te) ami(e) va introduire l'adolescent à la réciprocité des affects : il lui prête des qualités, des dispositions qu'il aimerait posséder, mais qu'il n'a pas. Ce(te) ami(e) est idéalisé(e) : l'autre lui sert de modèle. L'un se voit dans les yeux de l'autre et inversement. Aussi, l'adolescent ne peut-il pas se passer un seul instant, durant des semaines ou des mois, de cet(te) ami(e) qu'il admire. Mais lorsqu'il perçoit tout à coup l'ami(e) tel qu'il (elle) est, et non plus tel(le) qu'il l'imaginait, il peut être brutalement déçu par un des comportements de cet(te) ami(e). L'adolescent peut alors le (la) critiquer et l'abandonner, sans regret, sans se rendre compte de la souffrance qu'il produit chez son ami(e). Les personnes qui entourent l'adolescent, et qui sont témoins d'une telle situation, doivent se garder de faire écho au discours de l'adolescent. Elles peuvent, quelque temps après les faits, lorsque l'état émotionnel du jeune est moins intense, attirer son attention sur le sens et les conséquences de cette rupture de relation.

► Le rôle du groupe

Le groupe permet à l'adolescent de décharger ses pulsions agressives sans s'interroger sur son acte et ses conséquences, sans se sentir responsable de ce qu'il a fait ou va faire.

Le groupe offre à l'adolescent de nouvelles sources d'identification. C'est un lieu d'échange des informations et des émotions recueillies ailleurs. L'adolescent est irrésistiblement attiré par le groupe qui lui permet de prendre des distances par rapport à ses parents et de se rapprocher de ses pairs. Dans le groupe, il cherche de nouvelles références et un appui. Ainsi, pour se différencier de ses parents, l'adolescent peut adopter la culture du groupe et adhérer aux valeurs qu'il véhicule, tant sur le plan vestimentaire que sur celui du vocabulaire, des conduites… Le groupe le protège aussi, car il absorbe son agressivité et la transforme en dynamisme de groupe.

Exemple : Dans le cadre d'un mouvement de jeunesse, une responsable présente une nouvelle activité à son équipe composée d'une huitaine d'adolescents. À chaque fois qu'elle ouvre la bouche pour parler, sa voix est couverte par des applaudissements, des cris enthousiastes, alors qu'elle n'a toujours rien dit. Puis, pendant sa présentation, ils discutent entre eux, rient très fort ou lui disent : « Moi, je sais. » Enfin, ils commencent par faire le contraire de ce qui leur est demandé…

Dans le groupe, chaque adolescent interroge, d'une manière interactive, la responsable. Il cherche à savoir qui elle est, à repérer ses capacités de communication : « Est-il possible de discuter avec toi ? » semble-t-il lui demander en l'empêchant de parler. Il cherche aussi à évaluer ses qualités de responsable : « Est-il possible de faire quelque chose d'intéressant avec toi ? », ainsi que ses limites : « Jusqu'où peut-on aller avec toi ? » Ce questionnement exprimé en actes est chargé d'agressivité. Celle-ci transparaît dans l'opposition à l'égard de la responsable.

Dans le groupe scolaire, parascolaire ou **spontané**, l'opposition, ou la révolte, exprimée par les adolescents à l'égard d'un enseignant, d'un moniteur ou d'un adulte, perd sa charge de culpabilité. Le groupe permet à l'adolescent de transgresser puis d'évaluer les conséquences de ses actes sans honte, ni regrets. Le groupe participe au développement de sa responsabilité et de son autonomie. Autonomie qui se construit sans secousses, à condition cependant que le responsable du groupe tolère, dans une certaine mesure, les attitudes opposantes du jeune.

Le **groupe spontané** est choisi par l'adolescent, il s'y sent bien ; il est transitoire. L'adolescent partage parfois certaines affinités avec ceux qui le composent. Les règles y sont souples, fluctuantes et peu nombreuses. Elles correspondent aux besoins ponctuels des membres de ce groupe.

Mais le groupe peut amplifier les attitudes et les conduites excessives de cet âge ou devenir véritablement un lieu de refuge pour l'adolescent. Il peut s'y protéger à la fois des autres (notamment de ses parents) et de lui-même.

Lorsque l'adolescent n'arrive pas à gérer ses conflits internes et ses sentiments contradictoires, il peut rechercher une protection dans

La **projection** est un mécanisme de défense qui consiste à attribuer à quelqu'un d'autre les pensées désagréables que l'on ne peut supporter en soi-même.

un groupe de jeunes de son âge, qui va lui permettre de compenser ses sentiments d'infériorité. Il devient un lieu sécurisant, protecteur, tandis que le monde extérieur, sur lequel l'adolescent **projette** ses sentiments et pulsions intolérables, devient un lieu dangereux. Ce groupe reçoit ceux qui n'arrivent pas à s'adapter au groupe scolaire ou au groupe spontané. Il répond à un besoin impérieux de l'adolescent : être accepté, reconnu comme quelqu'un de valable par les autres. Il recherche donc un groupe dans lequel il va se sentir à l'aise. Ce groupe est souvent en opposition avec la société. L'agressivité peut s'y exprimer de manière dangereuse, voire délictueuse.

Dans ce type de groupe, les adolescents peuvent mettre autrui ou se mettre mentalement et socialement dans des situations difficiles. De plus en plus d'adolescents font des excursions momentanées dans ce type de groupe pour y pratiquer des conduites à risques intenses, vivre des expériences extrêmes, faire de l'opposition systématique. Ils agissent spontanément, tranquillement, et paraissent méconnaître la qualification de leurs actes délictueux. Ils semblent imperméables aux remarques, aux reproches qui peuvent leur être faits.

L'adulte face à un groupe d'adolescents

Un adulte, seul face à un groupe de jeunes adolescents, peut s'inscrire dans un rapport de force. Cette position peut faire écho à la propre attitude du groupe à l'égard de l'adulte. Le groupe, en effet, teste les aptitudes de son interlocuteur à contenir l'agressivité du groupe, le diriger, l'intéresser à des activités nouvelles... Si l'enseignant, le moniteur ou l'éducateur, se situe dans le registre du rapport de force, il peut ressentir, en face des jeunes, des émotions plus ou moins vives, en particulier avoir peur du groupe et craindre de l'affronter. Ces émotions vont produire chez lui certaines attitudes spécifiques comme l'hostilité, l'excitabilité, la rigidité, l'autoritarisme, l'indifférence... Attitudes que les adolescents vont percevoir et accentuer par certains de leurs comportements pour se conformer à l'image que l'adulte s'est construit sur eux. Plus un adulte a peur d'un groupe, plus celui-ci s'identifie à ce qu'il croit être l'attente de l'adulte. Et il se conduit de manière à lui faire réellement peur.

CONSEILS

Comment se comporter face à un groupe difficile

1. Soyez attentif à vos émotions, réactions, paroles et pensées automatiques avant, pendant et après avoir rencontré un groupe :
– repérez vos représentations du groupe. Essayez de les faire évoluer si elles sont productrices de tension ;
– repérez vos attentes face au groupe. Acceptez aujourd'hui le groupe tel qu'il est, pour tenter de l'amener progressivement ailleurs ;
– ne soyez pas vous-même, sans vous en rendre compte, producteur de tensions. Tentez de percevoir, de contenir et de métaboliser vos réactions négatives, vos jugements, l'ironie, les moqueries, votre agressivité… sans en faire la démonstration devant le groupe.

2. Pensez que vous avez un groupe devant vous et pas seulement une somme d'individualités :
– observez le groupe et décodez ses différentes manières de tester votre autorité, d'interroger la relation avec vous ;
– attirez l'attention des jeunes sur le sens de leurs conduites. Adressez-vous au groupe en général ;
– face au groupe, ne recherchez pas les fautifs. Ne prenez pas le risque d'en faire des boucs-émissaires ou des héros aux yeux des autres ;
– au contraire, établissez ensuite avec eux des relations individuelles pour les aider à réfléchir sur le sens de leurs attitudes dans le groupe ;
– ne vous laissez gagner ni par la démission, ni par l'abandon, ni par la rigidité.

3. Dans le cadre scolaire, ne vous laissez pas déstabiliser par les attitudes adolescentes qui vous paraissent incompréhensibles (élèves venant en classe sans aucun matériel scolaire, refus de se mettre au travail, pratiques illégales au vu de tous...) :
– ne travaillez pas seul mais élaborez, avec vos collègues et l'administration de l'établissement, des stratégies communes ;
– ne vous laissez pas envahir par la colère, ni surprendre par ces comportements. Au contraire, surprenez vos élèves par votre calme, l'intérêt que vous leur portez, par vos propres conduites (au lieu de crier, d'être mal à l'aise, de menacer de sanctions une classe qui refuse de travailler, asseyez-vous tranquillement à votre bureau, regardez-les attentivement les uns après les autres ; ou annoncez-leur que vous, vous êtes là pour travailler et non pas perdre votre temps et mettez-vous à votre propre travail, sans perdre de vue ce qui se passe en classe ; ou encore, mettez en parole ce qui se passe ici et maintenant en associant cette description à des questions : « Où voulez-vous en venir ? Que voulez-vous démontrer de cette manière ?... ») ;
– faites travailler vos élèves sur leurs représentations sociales inadéquates. Certains élèves ne savent pas ce que veut dire « travailler, réfléchir, attendre, faire des efforts, vivre dans un groupe, penser aux autres… ». De manière très concrète, mettez au jour, pour vos élèves, les savoir-faire et savoir-être nécessaires pour vivre à l'école ; savoirs différents de ceux qu'ils pratiquent en dehors de l'école.

LA TRANSGRESSION DES RÈGLES

Il s'agit ici des conduites adolescentes qui perturbent le déroulement de la vie quotidienne dans le cadre familial ou social ; ces conduites ne relèvent pas du Code pénal. Les violences, les délits et les conduites pathologiques seront abordés en fin d'ouvrage.

Exemples : **Cédric**, 16 ans, s'est déjà fait exclure de plusieurs établissements scolaires pour refus de travailler, absentéisme important, transgression de l'interdit de fumer, insolences répétées à l'égard de ses professeurs... Ses parents lui ont fait et continuent à lui faire de sévères remontrances, mais Cédric ne change pas de comportement.

Ahmed, 14 ans, passe son temps à discuter les exigences de ses parents. Il n'est jamais d'accord avec les règles que ceux-ci lui donnent et commence toujours par les refuser avant de faire ce qu'on lui dit.

La **tentation** est une représentation, une image, une parole. Elle permet mentalement de faire l'expérience de la transgression sans passer à l'acte.

Cédric ne peut pas s'empêcher, dans le cadre scolaire, de se conduire « comme un adolescent ». Il confond la **tentation** avec la transgression parce qu'il vit dans l'immédiateté et n'arrive pas à percevoir mentalement les conséquences de ses actes. À travers l'action, et à ses dépens, Cédric fait l'expérience de sa responsabilité. Ce qui devrait se faire en pensée ou en paroles, dans le cadre d'une discussion, se fait en acte pour Cédric. Il n'a sans doute pas eu l'occasion de contester verbalement les règles qui lui étaient données pour en chercher le sens, et pour s'autoriser à les transgresser uniquement d'une manière symbolique et intériorisée.

Ahmed, par contre, utilise pleinement cette possibilité. Il conteste les règles qui lui sont données par la parole. Il se donne ainsi la possibilité d'accepter ou de refuser les exigences et les interdits auxquels ses parents le soumettent. Ahmed veut pouvoir les choisir librement. Il les interroge en paroles, les critique constamment, ronchonne dès qu'il s'agit de faire quelque chose et annonce qu'il ne fera pas ce qui lui est demandé. La tolérance des parents à l'égard de ces interrogations permanentes, en préalable à toute action, permet à Ahmed de faire l'expérience de la tentation sans avoir besoin de transgresser réellement les règles qui lui sont données.

► Il n'assume pas ses actes

Exemples : **Thibaut** est arrivé en retard d'un quart d'heure ce matin au lycée. Il se rend immédiatement auprès de son conseiller d'éducation pour l'en informer, car il sait qu'il ne peut pas aller directement en cours. Il sait aussi qu'il ne pourra pas suivre le cours, car son retard dépasse cinq minutes, mais il commente vivement cette sanction en présence du conseiller : « C'est vraiment n'importe quoi. Vous pourriez quand même me laisser aller en cours. Je ne vois pas pourquoi ça dérange le professeur si on ne fait pas de bruit en entrant ! »

Très énervée, **Jessica** circule dans un couloir de son lycée, apparemment désert. En passant devant une borne d'alarme incendie, d'un geste rapide et brutal, elle déclenche l'alarme. Puis s'enfuit rapidement. Au bout du couloir, un enseignant l'a vue et l'interpelle. Jessica, furieuse, lui dit : « Mais je n'ai rien fait ! » L'enseignant, agressif à son tour, répond : « Mais je t'ai vue ! » Et Jessica affirme que ce n'est pas vrai.

Thibaut et Jessica connaissent parfaitement les règles en vigueur. Mais lorsqu'ils les transgressent, ils n'arrivent pas à assumer leur culpabilité ou leur responsabilité. Thibaut conteste la sanction et Jessica refuse de reconnaître son acte.

Lorsque les membres du personnel entendent ces discours au premier degré, ils ne comprennent ni les protestations des jeunes, ni leurs attitudes de **déni**. Ils sont agacés par ces réactions qu'ils interprètent dans le registre de la contestation ou de la provocation. Le conseiller d'éducation de Thibaut a pris l'habitude de ne plus réagir en pareille circonstance : « Ça met plutôt de l'huile sur le feu », dit-il à ses collègues. Et il ajoute : « En voilà encore un qui est pourtant intelligent, mais qui ne veut pas comprendre ! »

Le **déni** est un mécanisme de défense. Il consiste à nier purement et simplement la réalité d'un événement qui a pourtant été correctement perçu.

Or, les protestations, les contestations verbales, le déni, la banalisation, l'indifférence ou l'exaspération des adolescents face à leurs transgressions des règles sont des attitudes défensives. Celles-ci les protègent momentanément des tensions internes, de la culpabilité, de l'humiliation, de la honte et de l'agressivité qu'ils peuvent ressentir vis-à-vis d'eux-mêmes. Car il faut, pour l'auteur de la faute, préserver l'image de lui-même à ses yeux et éventuellement aux yeux des autres. L'adolescent nie son acte ou proteste contre une sanction, car il est déstabilisé intérieurement par l'acte qu'il a commis. Lorsque les adultes réagissent eux-mêmes à cette irritation protectrice, par des attitudes d'agacement ou de colère, ils renforcent, chez l'adolescent, les mécanismes de défense et d'évitement face au problème posé, et produisent souvent des effets contraires à leurs attentes. L'adolescent, se sentant agressé à son tour, se place en position de victime au lieu d'interroger ses actes. Lorsque les adultes ne réagissent plus et feignent l'indifférence, comme le conseiller d'éducation de Thibaut, ils n'aident pas non plus l'adolescent à prendre conscience de ses positions défensives et ne l'accompagnent pas dans un travail de réflexion sur les règles et sur lui-même.

La parole de la **loi** donne le choix à l'adolescent qui, sans la loi, est soumis aux seules exigences pulsionnelles. La loi lui apprend l'attente, l'autre, identifie la faute…

La **loi et les règles** doivent devenir des paroles que l'adolescent accueille en lui-même et qu'il désire entendre, et non des paroles devant lesquelles il fuit. Il est donc souhaitable de ne pas les lui imposer. Pour qu'il puisse, à un moment donné, les accepter, il est nécessaire de lui fournir la possibilité d'en parler. Les règles se discutent pour pouvoir ensuite être mises en pratique. Discuter n'est pas tout accepter. Ces conversations peuvent être ciblées, en particulier, sur le sens profond des règles, car l'on respecte mieux ce que l'on comprend.

► Lui apprendre à assumer sa responsabilité

Le rôle des parents, des enseignants et des éducateurs est d'amener l'adolescent à prendre conscience de ses transgressions et à en assumer la responsabilité. Ceci peut passer par la sanction. Mais il est nécessaire de prendre certaines précautions pour ne pas mettre l'adolescent de manière durable en position d'hostilité, de blocage ou de refus.

Dans un premier temps, l'adulte doit être crédible aux yeux du jeune : comment faire réfléchir un adolescent sur ses manquements, en transgressant soi-même, régulièrement, les règles nécessaires pour vivre ensemble ?

Dans un second temps, il s'agit d'accompagner le jeune, de l'aider à se reconstruire à partir de son acte et d'une éventuelle sanction. Celle-ci est un événement qui doit marquer, faire réfléchir et

CONSEILS

Communiquer sur les transgressions et les sanctions

1. L'adolescent s'identifie aux adultes qu'il connaît :

– mettez en pratique vous-même, le plus souvent possible, les lois, les règles sociales auxquelles tout citoyen est soumis. Et faites-le de votre plein gré ;

– pointez-lui ses transgressions avec bienveillance. Ne l'agressez pas immédiatement dès qu'il refuse de reconnaître son acte ou qu'il se trouve des circonstances atténuantes. Questionnez-le sans vous énerver ;

– acceptez qu'il pointe aussi les vôtres, sans vous en offusquer. Remettez-vous en question. Ne vous trouvez pas des **circonstances atténuantes**, même si elles vous paraissent parfaitement justifiées.

2. Dans le cadre scolaire, lorsque vous devez communiquer une sanction :

– prenez le temps d'accueillir les parents et le jeune que vous devez sanctionner. Créez un climat relationnel plus solennel que dramatique ;

– mettez en paroles, avant de commencer, les réactions possibles de l'adolescent et de sa famille. Tentez de vous préparer et de les préparer à vivre un moment difficile dont il faut, au préalable, fixer le cadre et les limites : maintenir le respect des personnes, même si on n'est pas d'accord avec ce que dit l'interlocuteur, se parler calmement, contrôler son vocabulaire… ;

– « n'expédiez » pas la rencontre. Prenez le temps d'écouter et de tolérer la première étape par laquelle passeront l'adolescent et sa famille (étape nécessaire et équivalente à un travail psychologique de deuil), qui se manifeste par le refus de la sanction (colère ou abattement). Acceptez momentanément d'être malmené (à l'intérieur des limites fixées préalablement…) ;

– prenez aussi le temps de projeter l'adolescent dans un avenir meilleur que le moment présent. Proposez-lui de commencer dès lors une construction de cet avenir.

non inhiber la réflexion de l'adolescent. La sanction s'inscrit dans un processus dynamique, car l'adolescent va évoluer à plus ou moins brève échéance.

Lorsqu'un adolescent a transgressé une ou des règles, qui permettent de vivre ensemble dans l'établissement scolaire ou dans la famille, il faut ne pas exiger qu'il reconnaisse immédiatement son acte et sa faute. Les paroles de l'adulte, qui explique à l'adolescent sa position ou qui le questionne sur son acte, ne sont sûrement pas tombées dans l'oreille d'un sourd, mais ces paroles ne peuvent pas faire immédiatement effet. Car l'adolescent a besoin de temps pour réfléchir, gérer son conflit interne et assumer les conséquences de son acte.

On se trouve souvent des **circonstances atténuantes** comme les adolescents : « Mais moi, en général, je fais attention à ce que je fais. Ce n'est pas très grave… » Ces rationalisations nous évitent de nous sentir coupables car notre conscience n'est pas toujours tendre avec nous.

partie 3

Entendre les problèmes et y répondre

chapitre 7

Identifier les troubles et les conduites à risques

chapitre 8

Communiquer avec l'adolescent en souffrance

chapitre 9

Évaluer les conduites pathologiques

chapitre 7

Identifier les troubles et les conduites à risques

Les attitudes et conduites soudaines, **symptomatiques** ou excessives de certains adolescents surprennent parfois leur entourage, mais ne présentent pas obligatoirement et à elles seules un caractère pathologique.

Le **symptôme** est une manifestation visible d'un trouble, d'une émotion, d'un conflit… qui est resté caché car il est considéré par le Moi de l'adolescent comme insupportable. Le symptôme se substitue au trouble initial.

LA SITUATION SCOLAIRE DE L'ADOLESCENT

Certaines de ces conduites sont socialement et familialement valorisées comme les actes de grande générosité ou la brillante réussite scolaire. À l'inverse, d'autres sont dévalorisées sur le plan social comme l'échec scolaire et les divers actes agressifs que certains adolescents pratiquent d'une manière parfois impulsive. Certaines attitudes troublent l'entourage de l'adolescent car elles sont signes d'une souffrance du jeune, tel le mal-être, la tristesse, la peur face à certaines situations…

L'adolescent en échec scolaire

Certains parents se mobilisent très vite dès que leur enfant ou adolescent présente des difficultés scolaires, en particulier quand ils ont un niveau d'aspiration relativement élevé pour leur jeune. Ces parents, fréquemment angoissés et inquiets, mettent perpétuellement sous tension leur adolescent. Mais celui-ci n'arrive pas toujours à gérer cette charge de stress supplémentaire. En général, les difficultés d'ordre scolaire occupent une place centrale pour les parents et représentent un des premiers motifs de consultation auprès du psychologue ou du psychiatre alors qu'ils arrivent plus ou moins à s'adapter aux problèmes plus spécifiquement psychologiques que peuvent rencontrer leur fils ou leur fille. Les parents s'inquiètent proportionnellement moins quand leur adolescent présente des troubles psychologiques mais n'a pas de difficultés scolaires. C'est donc pour des problèmes scolaires que les parents demandent le plus souvent l'avis d'un spécialiste. Ces difficultés scolaires sont souvent d'origine assez ancienne, mais, à l'adolescence, elles peuvent s'aggraver, en particulier quand l'adolescent a été, durant l'enfance, suivi et soutenu par ses parents sur le plan scolaire. Au moment où l'adolescent commence à mettre à distance ses parents, tant sur le plan physique que psychique, il ne veut plus subir leur contrôle. Cet éloignement, qu'il souhaite ou exige, trouble les parents qui n'acceptent pas toujours d'être, parfois brutalement, mis à l'écart. Mais il déstabilise aussi l'adolescent car, s'il n'a pas acquis auparavant une certaine autonomie scolaire, il va avoir du mal à gérer seul ce qu'il a à faire et ses résultats scolaires vont, dans un premier temps, s'en ressentir. Les parents s'inquiètent alors car le jeune prend des risques. Si les familles ne supportent ou ne tolèrent pas ces risques, elles vont essayer de chercher auprès du professionnel de la relation un remède rapide et efficace pour enrayer la moindre efficience scolaire de leur adolescent.

Exemple : Jusqu'à la classe de 4e, **Stéphane**, élève très moyen, a toujours travaillé sous le contrôle de sa mère. Mais, à partir de la 3e, il a commencé à ne plus supporter les questions de sa mère à propos de son travail, a refusé ses vérifications quotidiennes et a réclamé de se prendre en charge. La mère s'est un peu éloignée, mais les premiers résultats scolaires ont révélé un écroulement de Stéphane dans toutes les disciplines.

La réussite scolaire

La satisfaction des parents et des enseignants est particulièrement grande quand leur adolescent ou leur élève, intéressé par les matières scolaires, réussit brillamment sa scolarité. Cette conduite est rarement l'objet d'un questionnement de la part des familles et des enseignants car l'adolescent qui réussit le doit, imaginent-ils, à son travail et à ses capacités propres. Il est ainsi peu fréquent de chercher les différents sens de cette conduite d'excellence ou de ce travail intense, comme il est rare de l'associer à une difficulté ou à une immaturité psychologique. Pourtant, ces adolescents qui

aiment les professeurs efficaces et brillants, qui privilégient les relations et les loisirs intelligents, ne résistent pas toujours devant les difficultés et sont souvent stressés par les stratégies compétitives. Leur grande adaptabilité scolaire et sociale masque parfois une certaine fragilité psychique.

Exemple : **Sandrine**, 20 ans, jeune fille travailleuse, a réussi son baccalauréat et ses deux premières années d'études de droit avec mention bien. Elle a commencé ces études universitaires sur le conseil de sa mère. Les matières qu'elle étudie ne l'intéressent pas, mais elle les travaille sans relâche. Elle sort peu, s'autorise peu de repos et veut obtenir d'excellents résultats. Sandrine ne cause aucune inquiétude à ses parents, pas même ses troubles alimentaires qui l'ont conduite à entamer, il y a deux ans, un régime intense dont elle est sortie amaigrie (en restant dans la norme la plus basse) et en ayant adopté de nouvelles habitudes alimentaires.

Sandrine semble être adaptée aux exigences scolaires en vigueur dans son environnement social et se conformer aux attentes de ses parents, à leur grande joie. En effet, la mère de Sandrine place de grands espoirs en sa fille, qu'elle souhaite voir intégrer une grande école. Mais l'adaptation de Sandrine est limitée au champ scolaire. Et si elle n'a jamais été en conflit avec ses parents (qui s'en réjouissent d'ailleurs), elle a focalisé ses pulsions agressives sur sa propre personne à travers ses pratiques alimentaires excessives (dont il sera question dans le chapitre 9).

Si la réussite scolaire des adolescents valorise les parents, l'échec scolaire les dévalorise. Si la réussite scolaire est rarement l'objet d'un questionnement, l'échec scolaire est sujet à interrogation : « Pourquoi mon fils a-t-il des difficultés scolaires alors que l'on me dit qu'il est normalement intelligent ? » Or, réussite et échec peuvent masquer ou révéler l'une et l'autre des difficultés plus spécifiquement psychologiques. Aussi n'est-il pas inutile pour les parents de faire, à un moment donné du parcours scolaire de leur adolescent, une sorte d'état des lieux à la fois de la situation scolaire de leur enfant et de leurs propres attitudes à l'égard de sa scolarité en observant et en s'informant.

CONSEILS

Effectuer un bilan de la situation scolaire et des attentes parentales

1. Observez vos propres attentes et vos exigences à l'égard de la scolarité de votre adolescent : que désirez-vous pour lui ? Désire-t-il la même chose que vous ?

Pour mener cette observation, vous pouvez recueillir de précieuses informations en questionnant votre conjoint, l'adolescent lui-même, ses enseignants...

2. Progressivement, modifiez les projets que vous aviez conçus vous-même pour votre fils ou votre fille afin de les adapter aux désirs et projets actuels de votre adolescent :

– ne vous sentez pas trop dévalorisé par son échec ou ses difficultés ; ne soyez pas terriblement fier de lui s'il est un élève brillant ;

– s'il a des difficultés, valorisez-le dès qu'il a fait quelques progrès. N'exigez pas toujours davantage de lui, en particulier quand il a réalisé un effort important pour obtenir un résultat moyen.

3. Laissez-le se prendre en charge sur le plan scolaire afin qu'il construise progressivement sa propre autonomie :

– de nombreux ouvrages existent pour permettre aux adultes d'accompagner l'adolescent dans ces apprentissages ; ils sont cités en bibliographie[1] ;

– il existe aussi des prises en charges spécifiques pour les adolescents, ainsi que des sessions de formation organisées pour les parents, les enseignants[2]...

4. Ne vous focalisez pas exclusivement sur ses résultats scolaires, mais intéressez-vous à ce qu'il est sur tous les autres plans : relations avec les autres, évolution psychologique, attitudes à l'égard du travail, de l'effort, de la frustration, des activités extrascolaires, des règles sociales...

Cet inventaire peut vous permettre de repérer la présence de difficultés autres que scolaires, de relativiser les difficultés scolaires si elles sont isolées, ou de vous fournir des arguments supplémentaires pour décider d'une consultation chez le psychologue, le psychiatre...

1. En particulier, ceux de A. de la Garanderie, M.-F. Chesnais, A. Geninet, C. Pebrel.
2. Des adresses de formateurs peuvent être obtenues auprès de l'Institut supérieur de pédagogie : 3 rue de l'Abbaye, 75006 Paris, téléphone : 01 44 32 16 37.

LE PASSAGE À L'ACTE

L'adolescent peut, à certains moments, avoir des conduites totalement imprévisibles. « Tout peut surgir, à tout instant », raconte une enseignante exerçant en collège. Cette incapacité à prévoir ce qui peut se passer place les adultes dans l'incertitude, mais affecte également les adolescents. Ils agissent alors sous le coup d'une émotion, d'une impulsion intense et ne savent pas ce qu'ils font au moment où ils agissent car ils ne peuvent contrôler et canaliser leurs **pulsions soudaines et impérieuses**.

La **pulsion** à l'état pur se met en actes, avant tout processus de réflexion.

▶ Une modalité de fuite

Ces conduites, parfois en rupture avec les actes habituels de l'adolescent, s'imposent tout à coup à lui avant même qu'il ait pu percevoir ce qui les motivait. L'adolescent, incapable de formuler à l'intérieur de lui-même ce qu'il ressent, débordé ou envahi par ses émotions, est mu malgré lui par des forces inconscientes. Il fait alors ce qui lui passe par la tête et le corps.

Exemples : **Marie**, scolarisée en classe de terminale L, sort brutalement de la classe durant un cours de mathématiques, sous l'œil effaré de son professeur. Celui-ci, ayant donné un exercice à ses élèves, passait dans les rangs. S'arrêtant à côté de Marie et regardant son travail, le professeur lui indique l'opération à effectuer maintenant; indication à laquelle Marie réagit par un passage à l'acte : poussée par une force incoercible, elle se lève vivement et sort sans entendre la question de son enseignant : « Mais qu'est-ce qu'il vous arrive ? »

Sabrina, 15 ans, quitte brutalement le domicile familial après avoir enfoui dans son sac à dos quelques objets auxquels elle est particulièrement attachée. Un vague projet la pousse vers la gare où elle prend le train en partance pour une grande ville qu'elle ne connaît pas. Elle est sous le coup d'une émotion intense mais indéfinissable.

Marie racontera plus tard à son professeur qu'elle n'a pas supporté son conseil car elle avait l'esprit occupé par de nombreux problèmes personnels et familiaux qu'elle n'arrivait pas à gérer. Sabrina fait partie de ces nombreux adolescents qui, à la suite de disputes familiales, de difficultés relationnelles ou scolaires, rompent subitement avec leur milieu parce qu'ils n'arrivent pas à s'en éloigner psychiquement. Ils essaient ainsi de fuir le trouble diffus, le malaise informulable qu'ils subissent et qu'ils ne peuvent actuellement surmonter.

Les modalités de fuite que les adolescents peuvent utiliser pour mettre à distance les situations, internes ou externes, difficiles à surmonter immédiatement, sont diverses. Elles peuvent aller des cris ou sorties brutales d'une pièce en claquant la porte jusqu'aux tentatives de suicide (voir le chapitre 9), en passant par la **fugue**, les agressions…

La **fugue** est un départ impulsif, brutal, le plus souvent solitaire, sans but précis, dans une atmosphère de conflit et limité à quelques jours. Certaines structures proposent des abris de nuit pour des adolescents mineurs en fugue, comme la Sauvegarde de l'adolescence.

Les réactions des parents ou des enseignants varient de la surprise au bouleversement, suivant la gravité du passage à l'acte et l'expérience qu'ils ont de telles conduites. Elles peuvent éveiller des sentiments envahissants de peur, d'angoisse ou de culpabilité qui placent les adultes dans l'incapacité, partielle ou totale, de comprendre l'acte du jeune. La communication entre eux et l'adolescent peut être alors tellement perturbée qu'elle se réalise sur un mode conflictuel, l'agressivité permettant aux adultes de décharger leurs propres tensions. À travers le passage à l'acte, l'adolescent met au jour une certaine **difficulté de mentalisation** et lance un appel, sorte de SOS, visant à interpeller les adultes qui l'entourent pour leur dire, en actes, son incapacité actuelle à faire face à telle ou telle situation difficile.

La **difficulté de mentalisation** est une impossibilité partielle ou totale de mettre en mots ce que l'on ressent. L'adolescent n'a pas conscience de ses perceptions, pulsions, désirs, tensions... puisque l'acte précède toute forme de pensée. Donner à l'adolescent de nombreuses occasions d'exprimer les émotions, sentiments qu'il ressent à l'intérieur de lui-même dans telle ou telle situation, peut lui permettre de diminuer sa difficulté de mentalisation.

Les multiples sens des comportements à risques

Les parents fortement déstabilisés par le passage à l'acte de leur fils ou de leur fille ont parfois besoin, comme l'adolescent, d'être eux-mêmes écoutés et soutenus psychologiquement pour parvenir ultérieurement à entendre les différentes significations de l'acte de leur jeune. Ils pourront alors progressivement s'autoriser à réaménager leurs relations afin que l'adolescent ne soit pas amené à répéter son acte. Si les parents sont les premiers concernés par les passages à l'acte et les comportements à risque de leur adolescent, les autres membres de la famille ou les enseignants, lorsqu'ils sont témoins de ces conduites, peuvent se sentir eux aussi concernés par ce type bien particulier d'échange interactif.

Exemples : Un pédiatre accueille en urgence à l'hôpital une jeune fille de 16 ans, bien connue du service, dans un état grave. L'adolescente, chez laquelle un diabète a été découvert il y a un an, ne se soigne pas car elle ne veut pas être malade. Elle vit comme si la maladie n'existait pas.

Dans une classe de 4e, l'enseignante a institué un quart d'heure de débat au cours duquel l'adolescent qui le désire parle de quelque chose d'important pour lui. Lors de l'un de ces débats, une jeune fille de 14 ans demande la parole et raconte qu'elle aime ressentir des émotions fortes. Elle fait des « sauts à l'élastique » depuis quelque temps pour braver le danger. Comme elle est mineure, elle doit présenter une autorisation parentale au moment de ses sauts. Elle n'a pas osé en parler à ses parents, qui « la tueraient sûrement s'ils le savaient », mais elle a trouvé un adulte, ami de la famille, qui lui signe à chaque fois une décharge.

Le refus de se soigner et la fugue sont des moyens utilisés par certains adolescents qui présentent des maladies chroniques comme le diabète, la mucoviscidose… pour tenter de mettre à distance la pathologie dont ils sont atteints et qui leur est insupportable. Cette stratégie d'évitement, totalement inefficace, révèle que l'adolescent accorde une place prépondérante au fantasme qui lui affirme qu'il est possible de se débarrasser de cette maladie. Il s'agit bien sûr d'une position de toute-puissance magique. À travers ces comportements à risques, qui s'offrent à eux sans qu'ils aient besoin d'aller les chercher, ces adolescents interrogent les limites, la propriété de leur corps, leur dépendance à l'égard de leurs parents et des soignants : « Suis-je mortel ? Ce corps, à qui appartient-il ? Puis-je me passer de médicaments ?…. »

Ces jeunes communiquent aussi d'une manière interactive en faisant peur à leur entourage. En jouant avec leur vie, ils essaient d'exercer une pression sur leurs parents et leurs soignants. Le risque vital qui est en jeu, dans ces questions formulées à travers le corps de l'adolescent, effraie souvent soignants et parents et explique leurs réactions, parfois excessives, qui ne facilitent pas la communication avec le jeune.

L'adolescente qui pratique le saut à l'élastique semble être en quête du sens de son comportement. Mais elle cherche sans le savoir. C'est son enseignante qui, en entendant la jeune fille raconter des événements liés à son histoire personnelle, fait le lien entre ces sauts répétés à l'élastique et un déménagement récent que l'adolescente a ressenti et ressent toujours comme un vrai danger. Le comportement à risque semble ici occuper la fonction de symptôme ; symptôme qui permet à l'adolescente de tenter de maîtriser le danger et de ne pas être en position de totale passivité face aux événements qu'elle subit.

▶ Favoriser le dialogue et la réflexion

Face à ces différents types de conduites, dont les enseignants, éducateurs, membres de la famille… peuvent être témoins, les adolescents présentent souvent une certaine capacité à soutenir et à contenir celui qui, à côté d'eux, est en difficulté sur le plan personnel et social.

Exemple : Dans une classe de collège, le cours a commencé depuis un moment quand la porte s'ouvre brusquement devant un jeune qui est visiblement sous l'effet d'un produit toxique. Il va s'asseoir à sa place, mais commence très rapidement à s'agiter. Une jeune fille se lève alors, va s'asseoir à côté de lui, ouvre le sac de l'adolescent, lui sort son classeur, son stylo et partage le livre que la classe est en train de lire. Sans bruit, le garçon se met à pleurer. Elle lui donne un mouchoir en papier.

Les adultes ne doivent ni rester indifférents, ni se limiter aux attitudes immédiates (surprise, colère…) ou aux gestes nécessaires (intervention, appel du SAMU…), mais tenter, dès que cela est possible, de dialoguer avec l'adolescent dans un climat de bienveillance.

CONSEILS

1. Informez-vous sur les passages à l'acte et les comportements à risques[1].

2. Si vous avez été témoin de l'un de ces actes ou si l'adolescent en parle devant vous, proposez-lui de vous rencontrer car « vous aimeriez discuter un moment avec lui. »

Au cours de cette discussion, qui ne devrait pas se dérouler dans un climat d'angoisse ou de culpabilité, vous pourrez lui dire comment, vous, vous avez ressenti ce que vous avez vu ou entendu, par exemple : « vous vous faites du souci pour lui ».

3. Si vous savez qu'aucune démarche d'écoute n'a encore été mise en place pour cet adolescent, vous pouvez aussi lui proposer de réfléchir sur les sens et les causes possibles de son acte :

– vous prendrez soin cependant de ne pas vous embarquer trop avant avec lui dans ce travail sur les significations multiples ;

– cette première approche vous permettra peut-être d'évaluer le caractère ponctuel ou répétitif de ces conduites et de repérer les résistances de l'adolescent à se mettre à parler ;

– après avoir écouté avec attention les paroles et les silences de l'adolescent, vous pourrez formuler, à son intention, des suggestions à propos d'un travail de signification à mener à l'intérieur de lui-même, ou en étant accompagné par une personne expérimentée[2] s'il semble ne pas pouvoir se dégager seul de ses conduites.

4. Essayez de rester attentif à cet adolescent sans obligatoirement intervenir de nouvelles fois, en observant notamment quelles solidarités se mettent en place avec les jeunes qui l'entourent.

1. Braconnier Alain et Marcelli Daniel, *L'Adolescence aux mille visages*, p. 195-203. Naudin Odile, « Les adolescents fugueurs », *Revue de L'école des parents,* n° 4/95.
2. Il existe des numéros de téléphone, anonymes et gratuits, qui offrent aux jeunes des écoutes individualisées. Il est aussi possible de prendre rendez-vous avec un éducateur, animateur, psychologue, une assistante sociale… Adresses et numéros de téléphone sont donnés au chapitre 9.

LES CONDUITES DÉLICTUEUSES

Certains adolescents se livrent, le plus souvent en groupe, à des actes violents et délictueux[1] car la bande décharge l'adolescent de sa responsabilité individuelle et allège sa culpabilité. Dans un tel groupe, les inhibitions morales ou sociales sont levées du fait que le chef fait le premier ce que l'on a envie de faire, ou que les actes violents et délictueux sont valorisés par le groupe. Dans l'espace public et privé, ces adolescents dégradent des biens ou agressent des personnes. Par exemple, ils défoncent des vitrines, dans certains rayons de grandes surfaces commerciales, ou détruisent ou dérobent des produits, dans d'autres rayons. Lorsqu'ils sont contrôlés au moment de leur sortie, ils peuvent nier leur acte, être provocateurs ou agressifs à l'égard des vigiles. Ceux-ci, formés à ce type d'intervention, ne réagissent pas sous les insultes et tentent de leur tenir le discours de la raison, leur conseillant de payer le produit qu'ils viennent de prendre ou de détruire. Lorsque cela est possible, les parents des adolescents sont appelés par les responsables de la grande surface. Mais, au cours des échanges avec les parents, ceux-ci se montrent parfois solidaires de leur fils (ou de leur fille), refusant de reconnaître qu'il (ou elle) ait pu dérober un ou des produits. « Ce n'est pas vrai, disent-ils, mon fils ne vole pas ! » Quand l'adolescent se sent soutenu par son milieu familial qui, comme lui, dénie, **banalise** ou justifie ses délits, le monde extérieur devient source de dangers contre lesquels l'adolescent est amené non seulement à se protéger mais aussi à se défendre.

La **banalisation** est un mécanisme de défense qui permet de minimiser les conséquences psychiques de l'acte commis. L'adolescent qui vient de commettre un vol et qui dit : « Ce n'est pas grave, tout le monde le fait », se protège des émotions et sentiments douloureux produits par la culpabilité.

▶ La violence adolescente

La rage ou fureur de vivre fréquemment ressentie au moment de l'adolescence est prise par certains jeunes au pied de la lettre. Ils deviennent véritablement enragés, ne supportant plus rien de leur entourage.

1. Cf. Les références des livres de Théodose Edith, de Poignant Serge et de Marc Pierre cités en bibliographie.

Exemple : **Judith** a 15 ans. Ses relations avec sa mère sont devenues progressivement violentes. Elle ne tolère aucune remarque, aucun questionnement sur ses conduites, fréquentations, sorties... Plusieurs fois de suite, elle n'est pas rentrée le soir. La mère, inquiète, a alors téléphoné aux amis de sa fille. À son retour, Judith lui en a fait vivement le reproche. Récemment, elle a frappé sa mère avec violence. La jeune fille semble chercher toutes les occasions pour s'opposer de manière excessive aux demandes ou exigences de sa mère et l'effrayer par ses comportements. Celle-ci a découvert dans les affaires de Judith des scalpels et des seringues que la jeune fille a obtenu d'une infirmière, tante d'une de ses amies.

Consciente que sa fille souffre sur le plan psychique, elle lui a proposé à plusieurs reprises une consultation chez un spécialiste de la relation, mais Judith refuse cette proposition avec vigueur.

Certains adolescents communiquent par la violence avec leurs parents ou des membres de leur famille. Cette violence, souvent verbale, sous forme d'injures, apparaît aussi dans certaines attitudes méprisantes. Parfois, cette violence se répète et son intensité augmente au fur et à mesure que le temps passe ; en particulier quand les parents n'expriment pas avec suffisamment de conviction leur désaccord, leur refus face à ces pratiques.

La mère de Judith semble habitée par un paradoxe. En effet, elle est à la fois curieuse, compréhensive, tolérante à l'égard des diverses expériences que fait sa fille, et troublée, inquiète par l'évolution de ces conduites. Aussi, elle ne lui pose pas de limites claires sous forme d'interdits explicites et semble dépassée par les comportements outranciers de la jeune fille. Celle-ci cherche, en actes, à repérer jusqu'où sa mère la laissera aller.

Or, dès que la mère a décidé de réagir, Judith est devenue ponctuelle et a cessé ses fugues nocturnes. En effet, au retour de l'une d'elles, la mère a emmené Judith au commissariat de police pour faire noter sur la main courante ce qui venait de se passer. Et sur sa demande, l'agent de police a eu un court entretien avec la jeune fille pour lui rappeler certaines règles de vie.

▶ L'absence de normes

Exemple : Dans un centre commercial, un adolescent de 16-17 ans a pris un paquet de gâteaux. Contrôlé tranquillement par les vigiles au moment de la sortie, il refuse de rendre le produit et se met à hurler. Il revient le lendemain, pénètre dans les entrepôts du magasin, frappe violemment le manutentionnaire qui travaille là. Celui-ci est immobilisé pendant plus de huit jours. L'adolescent revient huit jours plus tard dans le même centre commercial faire ses courses.

Ce jeune « est agi » par des impulsions qui lui traversent le corps et qui le conduisent à la violence pure car il n'arrive pas à contenir ses pulsions agressives. Il vit exclusivement dans l'instant présent, dans l'immédiateté de sa pulsion. Il s'inscrit alors dans un espace temporel haché, découpé, discontinu, dans lequel les actes deviennent indépendants et se succèdent sans liens les uns avec les autres. Il est en manque total de repères et semble perdu. Hypersensible aux paroles dévalorisantes, il s'en protège en devenant inaccessible à ce qui se passe autour de lui et au sens de ce que les adultes lui disent. Abandonné par les adultes ou s'étant lui-même abandonné, cet adolescent, allant peut-être de « galère en galère », n'a pas rencontré suffisamment d'interlocuteurs stables, lui permettant de parler paisiblement et l'aidant à contenir son énergie pulsionnelle.

Exemple : Madame L., juge pour enfants, reçoit dans son cabinet des adolescents qui ont commis des délits. À ce moment-là, ils paraissent tous entendre ce qu'elle leur dit, mais certains l'oublient immédiatement dès qu'ils sont sortis. Beaucoup d'adolescents ayant commis des délits ne recommenceront pas. « Quand les parents sont structurants, c'est-à-dire qu'ils prennent aussi position et soutiennent le discours du juge, ils sont blêmes, dit-elle, et ils entendent mes admonestations. »

La communication avec un adolescent vivant en dehors des normes sociales ne peut faire effet, à moyen terme, que s'il est en demande de rencontre, de dialogue et s'il est soutenu pour modifier ses comportements. Il est important de diversifier les écoutes, de lui permettre de rencontrer plusieurs interlocuteurs se situant dans des approches différentes (somatiques, psychologiques, éducatives, judiciaires, pédagogiques).

Dans le champ pédagogique, cet adolescent peut bénéficier d'un apprentissage du contrôle de soi : prendre conscience de ce qui se passe en lui, ne pas réagir dans l'immédiateté mais se donner des délais, tolérer la frustration momentanée, l'attente, sans se laisser envahir par le stress et l'énervement… Cet apprentissage mental peut se faire par le biais d'exercices ludiques.

▶ Écouter pour venir en aide

Mais si les actes de l'adolescent dont il vient d'être question ici sont marqués par la perte de sens et l'absence de différenciation des actes entre eux, d'autres adolescents demandent, eux, explicitement aux adultes qui les entourent, l'aide nécessaire pour ne pas passer à l'acte.

Exemple : Dans une classe de collège, un adolescent de 14-15 ans, scolarisé en 4e, se fait, dès le début de l'année scolaire, rejeter par ses camarades tant il est agressif, brutal à leur égard et tant il gêne constamment le déroulement des cours. Trois semaines après la rentrée des classes, deux jeunes, parmi les plus violents, viennent voir le professeur principal de la classe en lui disant d'une manière insistante : « Madame, s'il reste là, on va le tuer ! »

Ces deux jeunes, ayant sous leurs yeux le spectacle d'une violence qui fait intérieurement écho à leur propre violence, se sentent démunis ou peu équipés pour contrôler ou contenir durablement seuls leur propre agressivité. Dans ce contexte, les paroles de ces adolescents ne sont pas à prendre à la légère, à écouter entre deux portes, mais à entendre avec attention. D'une part, en prêtant attention plus longuement à ces jeunes pour saisir les différents sens possibles de leurs paroles. Et, d'autre part, en analysant, avec les enseignants concernés, ces propos et les caractéristiques de la situation, afin de trouver une ou des réponses adéquates à proposer et à mettre en œuvre. Celles-ci peuvent concerner à la fois l'adolescent perturbateur, dont les actes ne doivent pas être banalisés et pour lequel une prise en charge pédagogique ou psychologique particulière peut être envisagée, et les deux autres jeunes, pour les aider à contenir leurs pulsions agressives.

▶ Tolérer les réactions défensives

Exemples : Un principal de collège reçoit dans son bureau un élève qui vient d'insulter copieusement son professeur. Lorsqu'il demande à l'adolescent de lui relater les faits, celui-ci lui répond, comme s'il s'agissait d'une méprise : « Mais je n'ai rien fait, je n'ai rien dit, c'est pas moi ! »

À la suite de nombreuses plaintes de locataires, un responsable de société de HLM vient réprimander les jeunes, auteurs des nuisances quotidiennes qu'ils imposent au voisinage. L'un d'entre eux, d'origine africaine, lui coupe la parole pour lui dire : « Vous nous dites ça parce que vous êtes raciste ! »

Ces réactions, semblables à celles de Thibaut et de Jessica dont il a été question en page 111, troublent bien souvent les adultes lorsqu'ils y sont confrontés. Ils ont alors l'impression que l'adolescent « se paie leur tête » en tentant de renverser la situation inconfortable d'agresseur ou de coupable dans laquelle il s'est mis. Il s'agit en effet pour le jeune d'inverser le processus pour se placer, lui, en position de victime (victime d'une erreur ou du racisme) et mettre l'adulte en position de coupable. Cette stratégie, de plus en plus souvent utilisée y compris par les adultes, évite d'une manière magique à l'adolescent de sentir les tensions, remords, regrets produits par la culpabilité. Elle révèle la présence d'une conscience infantile autoritaire et tyrannique que l'adolescent ne peut supporter et devant laquelle il fuit avec toute l'énergie du désespoir. Il s'agit pour les adultes de ne pas se laisser déstabiliser par ces propos, de ne pas tomber dans le piège que leur tend l'adolescent, de ne pas le prendre lui-même au piège en voulant lui faire avouer son acte immédiatement. Ces adolescents ont souvent besoin de temps pour prendre conscience de ce qu'ils ont fait et pour assumer leur acte. Les adultes peuvent essayer de s'approcher de l'adolescent en lui disant qu'il est sans doute difficile d'accepter d'être l'auteur d'incivilités ou de délits. Ils pourront ensuite amener progressivement ce jeune (par entretiens individuels et successifs, lorsque cela est possible) à réfléchir sur la vie en collectivité et sur ses actes.

chapitre

8

Communiquer avec l'adolescent en souffrance

Les attitudes, sentiments et émotions que les parents manifestent à l'égard de leur adolescent font effet ou écho chez leur fils ou leur fille qui y réagit en retour et à sa manière. L'adolescent adapte sa ou ses réactions à l'intensité des attitudes, sentiments et émotions parentales. À leur tour, les parents réagissent à nouveau. Ainsi, une chaîne d'interactions incessantes se met en place entre les adolescents et leurs parents. Parfois, ces interactions sont défensives ou provocantes, chargées de sens. Elles peuvent être vécues douloureusement par les uns et les autres, en particulier lorsqu'elles sont excessives de part et d'autre.

DES PARENTS FRAGILISÉS

L'adolescence du jeune peut fournir aux parents l'occasion de se mettre ou de se remettre psychiquement au travail et d'essayer de régler certaines questions restées jusque-là sans réponses, comme des interrogations sur leurs désirs, leur propre jeunesse, leur identité, sur les relations avec leurs propres parents... Mais ils peuvent être tellement fragilisés par l'adolescence de leur fils ou de leur fille, qu'ils se protègent d'une éventuelle déstabilisation personnelle en ne voulant ni voir ni évaluer certaines attitudes et conduites excessives de leur jeune.

Dans le chapitre précédent, il était question des jeunes dont les parents dénient ou banalisent les conduites délictueuses. Cette attitude se retrouve chez les parents qui soutiennent leur fils ou leur fille quand celui-ci ou celle-ci est en difficulté, dans le cadre scolaire ou associatif, ou a commis un manquement aux règles en usage dans la structure qu'il ou elle fréquente.

Exemples : Le père d'**Éric** est convoqué par le directeur du collège car son fils a amené une « arme à feu chargée » dans l'établissement. Le père, parfaitement à l'aise, justifie la conduite de son fils en évoquant les risques d'agression que celui-ci peut rencontrer tant à l'extérieur qu'à l'intérieur de l'établissement. Le père refusera la sanction que tout élève encourt dans ce cas.

Emmanuel, 13 ans, détruit dans un accès de violence une grande partie du matériel lors d'un camp d'été auquel il participe. Ses parents, appelés en urgence par les responsables du camp, refusent de venir rechercher leur fils.

Les interlocuteurs des parents perçoivent souvent ces attitudes dans le registre de la permissivité ou de l'hypertolérance aux comportements déviants de l'adolescent. Ils en sont troublés car elles leur paraissent totalement inadéquates sur le plan éducatif. Or, il s'agit, la plupart du temps, d'attitudes défensives car ces parents sont eux-mêmes profondément déstabilisés par l'acte ou par les regards négatifs portés sur leur fils ou leur fille. Appréciations qui les dévalorisent eux-mêmes et qui peuvent les amener à justifier, à banaliser ou à nier les conduites de leur adolescent.

Exemple : La mère de **Georges** est convoquée au commissariat de police car son fils vient d'être pris en flagrant délit de violence. De plus, il a injurié copieusement les fonctionnaires de police qui l'interpellaient. La mère ne cesse de répéter : « Ce n'est pas possible, ce n'est pas mon fils qui a fait ça. C'est un garçon gentil. Il est toujours prêt à rendre service. Je ne peux pas vous croire… »

Certains parents ne reconnaissent pas leur adolescent dans le récit qu'en fait l'enseignant, l'éducateur, le policier, le magistrat, car celui-ci ne présente pas ces conduites en leur présence. Il y a parfois un écart si important entre l'adolescent tel qu'il est dans le cadre familial et tel qu'il est dans l'espace social que ces parents en sont profondément troublés. Ne comprenant pas ce qui se joue, ils se réfugient dans le refus d'entendre et de croire ce qui leur est dit.

Il n'est donc pas inutile d'informer préventivement les parents, tous les parents, car tout adolescent peut commettre, à un moment donné, des actes tout à fait inattendus, en opposition totale ou partielle avec ses conduites habituelles ; en particulier quand il est en groupe, avec d'autres adolescents. Les interlocuteurs de ces parents pourraient, eux aussi, s'informer pour comprendre à la fois les conduites adolescentes imprévisibles et les attitudes défensives des parents. Ils éviteraient ainsi de s'embarquer dans des discussions sans fin mobilisant de part et d'autre de plus en plus d'agressivité.

▶ Dépasser les conduites défensives

La communication avec ces parents est donc parfois assez difficile. Il est important, pour ceux qui ont à gérer ces situations, de rester bienveillant à l'égard du jeune et de sa famille. Il est nécessaire d'expliquer, en rapport avec l'acte commis, les règles, les conséquences des actes et les sanctions encourues. Face aux personnes responsables de l'adolescent qui le soutiennent en justifiant ses transgressions, il est souhaitable que l'enseignant ou le moniteur n'entre pas dans des discussions sans fin, mais puisse dire à l'adolescent, devant ses parents, qu'il n'est pas d'accord avec les positions verbales prises par ceux-ci, sans demander cependant au jeune de prendre parti pour l'un ou l'autre discours.

Les attitudes défensives protègent ces parents sur le plan psychologique, notamment de la dépression ou de la culpabilité.

Exemple : Madame J., mère d'un grand jeune homme de 15 ans, pleure dès qu'elle parle des « bêtises » que son fils fait sans arrêt. « Quand va-t-il cesser de me faire souffrir ? » demande-t-elle à tous ceux qui la convoquent à propos de son fils.

Madame J. est bouleversée car elle se pense responsable et peut-être coupable de la conduite de son fils. Si elle se protégeait derrière des attitudes défensives, elle ne serait pas aussi troublée.

Ainsi, la banalisation, l'hostilité et l'agressivité verbale des parents à l'égard de ceux qui leur montrent les manquements de leur adolescent sont des conduites défensives. Ils évitent ainsi de se questionner sur la responsabilité qui leur incombe et de ressentir de la culpabilité. Dans le registre défensif, on peut aussi ajouter l'inquiétude, assez fréquente chez certains parents qui craignent de traumatiser leur fils ou leur fille en refusant d'accéder à sa demande, ou ont peur de le ou la voir passer à l'acte à la suite d'une sanction.

Exemple : « J'ai peur, quand je le punis, que mon fils ne fasse une bêtise, une fugue ou qu'il ne passe sa colère sur quelqu'un. Aussi, j'ai été très inquiète quand il s'est fait prendre en train de fumer une cigarette dans les toilettes du collège et qu'il a eu trois heures de colle », dit la mère d'un adolescent de 14 ans.

▶ Permettre à l'adolescent de s'interroger

Ces attitudes de permissivité ou d'hypertolérance familiale expliquent certaines conduites répétitives d'adolescents qui paraissent excessives à certains, mais qui semblent ne pas inquiéter les parents. Certes, ces attitudes peuvent mettre au jour des éléments de la problématique familiale, mais elles rendent difficiles un travail sur les limites avec l'adolescent lui-même. En effet, comment alerter un jeune sur ses comportements, dont on perçoit le caractère pathogène possible, quand ses parents les tolèrent et que les conduites sociales se réfèrent aujourd'hui à des normes qui sont souvent devenues individuelles ? Il ne s'agit alors pas d'insister sur le caractère normal ou pathogène de la conduite de l'adolescent, mais de lui permettre de s'interroger sur les sens possibles de celle-ci, de repérer le degré de souffrance qu'il ressent, et de se mobiliser psychiquement pour faire évoluer sa conduite.

Exemples : **Claire** a 19 ans et vit toujours chez ses parents parmi ses trois frères et sœurs. Elle multiplie les rencontres de passage et les expériences sexuelles sous les yeux de ses parents qui tolèrent, à leur domicile, la présence sans cesse renouvelée des nombreuses conquêtes de leur fille.

Marc, 16 ans, fume régulièrement du haschich avec ses parents. Marc fréquente un établissement scolaire dans lequel il est interdit de fumer (y compris des produits soumis à la législation sur les stupéfiants). Or, Marc a fumé du haschich avec des camarades lors d'une récréation. Les parents, convoqués par le directeur de l'établissement, n'ont pas compris que leur fils soit l'objet d'une exclusion temporaire, conformément au règlement du lycée.

▶ Faire appel à un tiers

Le contexte défensif familial ne facilite pas toujours cette recherche à propos du sens des attitudes, des comportements ou des symptômes, notamment quand la famille s'inscrit dans une approche technique, recherche une explication « scientifique », exige un diagnostic précis et un traitement médicamenteux.

Exemple : **Christine**, 15 ans, excellente élève au collège, intègre une classe de seconde d'un lycée. Dès les premiers mois de l'année scolaire, elle manifeste un certain nombre de symptômes : fatigue subite, impossibilité de marcher et besoin absolu d'être soutenue pour éviter de tomber. Elle subit de multiples examens médicaux qui ne donnent aucun résultat significatif. Les parents sont furieux que les médecins ne trouvent rien. Ils nient la composante psychique des symptômes de leur fille et refusent d'entendre parler de consultation psychologique. La jeune fille reste chez elle et suit ses cours par correspondance. Elle réintègre le lycée l'année suivante mais suit sa scolarité à mi-temps. Elle justifie ses absences auprès de ses professeurs par la présence d'un « virus indécelable ».

L'hostilité à l'égard de la démarche psychologique est une défense à laquelle les parents peuvent avoir recours pour se protéger quand ils ne peuvent pas entendre le questionnement et la souffrance de leur fils ou de leur fille. Mais cette attitude peut influencer l'adolescent et l'inscrire lui aussi dans le refus de donner sens à ce qu'il fait par crainte, peut-être, de déstabiliser ses parents.

Lorsque l'adolescent accepte et épouse les résistances familiales, il les protège tout en s'interdisant lui-même d'accéder à la parole qui donnera une signification à ses symptômes qui pourrait lui permettre de sortir de l'impasse dans laquelle il est entré.

Une tierce personne peut permettre à l'adolescent de se dégager de son trop grand conformisme à l'égard des réactions familiales lorsque ses parents banalisent ou refusent d'entendre la dimension psychologique cachée derrière une conduite excessive, bizarre, incapacitante… Cette tierce personne peut aider le jeune à se mettre au travail. Ce fut le cas pour Christine quand elle retourna au lycée. L'infirmière de l'établissement était constamment appelée en classe car la jeune fille tombait sans cesse. Christine a passé de longs moments à l'infirmerie. Là, l'infirmière refusait de prévenir immédiatement sa mère, que celle-ci réclamait, et discutait avec Christine pour l'amener à chercher le sens de son symptôme. Progressivement, l'adolescente s'est mise à marcher sans soutien, mais a continué pendant un certain temps à s'écrouler devant sa mère.

SE FAIRE AIDER PAR UN ADULTE

▶ Communiquer avec un adolescent en souffrance

Exemples : **Tatiana** demande à son moniteur de colonie de vacances comment réagir car son père la bat.

Florence, 19 ans, est depuis longtemps en conflit ouvert avec sa mère. Or, le père vient de quitter le domicile. La mère est effondrée par ce départ, et la jeune fille console sa mère avec laquelle elle est maintenant seule en tête-à-tête. Responsable d'un groupe d'adolescents dans le cadre d'un mouvement de jeunesse, Florence trouve, auprès de la personne adulte référante du mouvement, une écoute attentive qui lui permet de prendre du recul par rapport à ce qu'elle est en train de vivre.

Plusieurs jeunes de 15-16 ans viennent demander au conseiller d'éducation de leur lycée comment réagir car l'un de leurs camarades vient de perdre son père.

Il arrive que certains jeunes se tournent vers l'un des adultes qu'ils côtoient, et demandent à lui parler, seul à seul. Parfois, un groupe d'adolescents vient à la rencontre d'un adulte pour lui parler d'un autre jeune à propos duquel ils s'inquiètent. Ces éléments d'une histoire qu'ils déballent sans prévenir surprennent parfois leurs interlocuteurs, qui disent après l'entretien : « Je ne m'attendais pas à entendre ça ! »

▶ Écarter les réponses rapides

Ces adultes peuvent se sentir démunis, ne sachant que faire de ce qu'il leur a été donné à entendre, n'étant pas formés pour faire face à ce type de parole. Ils craignent surtout de répondre au jeune d'une manière inadaptée, car celui-ci attend, leur semble-t-il, une réponse rapide, une sorte de recette qu'il puisse utiliser tout de suite.

Plus fréquemment, les personnes qui côtoient les adolescents dans le cadre scolaire ou associatif recueillent, au hasard d'un échange avec l'adolescent, des informations sur son vécu, sur ses relations avec ses parents. Informations troublantes qui ne laissent pas les adultes indifférents, mais face auxquelles ils se demandent s'il est nécessaire de réagir, et de quelle manière.

Exemples : Deux frères de 13 et 14 ans participent à une activité extrascolaire à laquelle ils sont bien adaptés. Au retour des petites vacances de Toussaint, ils présentent une agressivité importante qui alterne avec des moments de repli et d'inhibition massive. Ces comportements alertent les responsables de l'activité qui, après écoute des jeunes et de leur mère, découvrent le caractère réactionnel de ces conduites en rapport avec un événement important. En effet, le père des deux adolescents était en vacances durant cette période, mais pas la mère, qui travaillait. Ne sachant que faire de ses fils à ce moment-là, le père les a emmenés chez sa maîtresse, dont les deux adolescents ignoraient l'existence.

Un adolescent s'attarde auprès de son enseignante le soir de la veille des vacances d'hiver. Un dialogue s'instaure alors entre eux, au cours duquel l'adolescent exprime son peu d'engouement pour partir aux sports d'hiver avec son père. Face à la surprise de son professeur, il répond : « Oh ! vous savez, mon père me donne beaucoup de souci. Il se conduit mal, particulièrement avec les femmes. Moi, je ne sais pas où me mettre. Et puis ma mère est malade, elle reste à la maison. Alors, ce sera comme d'habitude, je serai content de rentrer ! »

Après un voyage scolaire de quelques jours, des adolescents de 12-13 ans sont récupérés, vers 21 heures, sur le quai de la gare par leurs parents. L'un d'eux est encore là 20 minutes après le départ de ses camarades. L'enseignante qui attend avec lui demande : « Sais-tu ce qui se passe ? » « C'est comme d'habitude, répond l'adolescent désabusé, mes parents ne viendront pas me chercher avant la fin du film qui passe à la télé ! »

Communiquer avec un adolescent qui paraît en souffrance ne signifie ni adhérer à sa souffrance, ni trouver des solutions immédiates à lui proposer, ni être envahi de compassion au point de banaliser ses conduites symptomatiques. Il est souhaitable que l'interlocuteur commence par se mettre au travail, c'est-à-dire qu'il repère les effets que cette parole provoque en lui et les attentes de l'adolescent à son égard (en particulier, doit-il faire quelque chose de ce qu'il a entendu ?). Dans certains cas, des stratégies sociales, psychologiques et juridiques existent, il est alors possible de s'y référer et de les suivre comme par exemple pour la **maltraitance**. Ainsi, le moniteur de colonie de vacances ne doit pas se contenter d'écouter Tatiana et de parler avec elle des sévices que son père lui fait subir car ces faits tombent sous le coup de la loi.

Il est possible d'avoir des informations par téléphone. Numéros verts : maltraitance-119 ; SOS Avocat - 0803 39 33 00, du lundi au vendredi de 19 h à 23 h 30.

Créer une « unité de réflexion »

Si l'on est amené à écouter dans le cadre scolaire, associatif ou d'un mouvement de jeunesse… des adolescents en souffrance, et à entendre la souffrance de leurs parents, on peut envisager de créer localement une ou des « petites unités de réflexion ».

S'appuyer sur l'entourage familial

Les adultes proches du milieu familial, les grands-parents, les oncles et tantes, les amis sont parfois témoins de situations ou d'événements douloureux, de relations difficiles entre des parents et leurs adolescents ou perçoivent des troubles psychologiques chez un jeune, que les parents ne semblent pas remarquer.

En général, on parle, dans les familles ou entre amis, de ces événements, de ces difficultés psychologiques qui touchent des membres du groupe, mais souvent sans les personnes concernées.

CONSEILS

Constituer une unité de réflexion

1. Composée de 3 ou 4 personnes, chaque unité peut être un lieu d'échange, d'analyse des informations recueillies et d'élaboration de stratégies d'intervention.

Elle peut permettre d'éviter la conséquence de la relation seul à seul avec l'adolescent, une solitude qui peut être productrice d'angoisse et conduire à agir avec trop de précipitation ou à ne pas agir du tout.

2. L'unité de réflexion peut se réunir à la demande, lorsque l'un des membres du groupe a été témoin direct ou indirect de paroles ou d'actes d'adolescents qui révèlent une souffrance psychique :

– il est souhaitable que la parole puisse circuler librement entre les membres de l'unité, mais qu'elle n'en sorte pas ;

– il est préférable aussi de ne pas porter de jugements de valeur devant l'adolescent ou sa famille sur les attitudes et conduites du jeune. Mais ces appréciations peuvent être mises au jour et travaillées dans le cadre de l'unité de réflexion.

3. L'unité de réflexion peut permettre :

– d'évaluer les troubles de l'adolescent : importance de la souffrance, répétitivité des symptômes… ;

– de décoder les différents sens du discours ou des actes d'un jeune, notamment le caractère interactif de ses conduites ;

– d'apprécier la nécessité d'une rencontre en urgence avec les parents du jeune, car il s'agit de ne pas accéder trop vite à la demande d'un adolescent quand il ne veut pas que d'autres personnes rencontrent ses parents. Même s'il affirme sa détermination à leur parler lui-même, il peut, au dernier moment, se réfugier dans la fuite (tentative de suicide…) pour ne pas affronter cet entretien.

Les familles et les amis expriment entre eux leurs inquiétudes, donnent leurs avis, leurs solutions, mais n'osent pas s'entretenir directement avec ceux et celles qui rencontrent des difficultés, ou bien ils le font sans précautions et produisent plus de blocages psychiques que de mobilisation chez leurs interlocuteurs.

Exemple : Madame M. raconte à une amie son inquiétude pour l'une de ses nièces, âgée de 16 ans, qui ne s'alimente plus. Ses parents semblent ne rien avoir remarqué. Madame M. souhaite les alerter, mais ne sait comment le faire.

S'il est nécessaire d'intervenir, en particulier lorsque l'on voit ce que les parents ou l'adolescent lui-même semblent ne pas voir, il est plus que nécessaire de le faire lorsque l'on se retrouve seul à seul avec l'adolescent ou son parent, et de parler alors de ce que l'on ressent soi-même. Face à un parent qui manifeste à l'égard de son adolescent des comportements rejetants, indifférents ou agressifs, il semble plus approprié de lui dire, avec calme et bienveillance : « Je vous regarde, toi et ton fils, et je suis un peu inquiète pour vous. Je souhaiterais pouvoir en discuter avec toi », plutôt que de dramatiser la situation ou de culpabiliser ce parent.

SUSCITER LA DEMANDE D'AIDE

L'évolution d'une relation conflictuelle entre l'adolescent et ses parents dépend de nombreux facteurs, comme l'intensité et la durée du conflit, le contexte familial et social… Plus l'agressivité est massive de part et d'autre, plus l'image que les uns ont des autres est dégradée, moins il y a de respect et de communication entre eux, plus le recours au psychiatre ou au psychologue sera nécessaire ultérieurement pour sortir de cette situation intense et répétitive. Mais cette démarche présuppose une demande. Demande qui présuppose elle-même la reconnaissance d'une souffrance suffisamment intolérable pour désirer la voir disparaître.

Les témoins de ces relations dégradées entre parents et adolescents (famille, amis, enseignants, assistantes sociales, médecins…) n'auront donc pas tant pour rôle de faire évoluer la relation difficile que d'essayer d'éveiller lentement une demande chez l'adolescent, chez son ou ses parents, demande qui, une fois mûre, pourra les conduire vers le centre médico-psychologique, le cabinet du psychiatre, du psychologue... Cette demande peut être éveillée soit en discutant avec l'adolescent ou avec ses parents, soit en leur communiquant des **informations**, des **adresses banalisées**, des titres d'ouvrages... qui contribueront peu à peu à les sensibiliser.

Informations concernant des groupes de paroles, des conférences, des expositions..., en rapport avec la problématique du jeune ou de sa famille, qui se déroulent à proximité de leur domicile.

Des structures institutionnelles ou associatives proposent, à partir de numéros de téléphone (appel parfois gratuit et toujours anonyme), une écoute, des conseils, une information... Ces numéros sont indiqués à la fin de l'ouvrage, au chapitre 9.

▶ Lorsque les parents deviennent intolérants à l'égard de leur adolescent

Certains parents ont une image négative et dévalorisée de leur fils ou de leur fille, objet de reproches incessants.

Ce regard sur l'adolescent s'est souvent construit au fil du temps à partir des nombreuses bêtises, des excès, des conduites du jeune que les parents ne peuvent plus, à partir d'un certain moment, tolérer.

Exemple : **Marc** a 13 ans et fait d'énormes bêtises, comme casser les vitres de la maison, à plusieurs reprises, en jouant au football dans le jardin, malgré les interdictions parentales ; ou imiter la signature de ses parents sur son livret scolaire... Il se bagarre constamment avec ses frères et sœurs. Sa mère a découvert récemment qu'il venait s'installer dans sa chambre durant son absence et qu'il enfilait ses vêtements.

Cette dernière conduite l'agace à un point tel qu'elle dit « ne plus pouvoir maintenant du tout le supporter ».

Marc fait partie de ces jeunes qui, au moment où on les rencontre, ont une solide et sérieuse réputation d'« adolescents insupportables ». Parents, famille et enseignants partagent parfois la même appréciation à propos de ces jeunes qui se font partout remarquer d'une manière plutôt négative et qui produisent rapidement chez les adultes des attitudes d'hostilité, voire même de rejet. Si, à première vue, il peut paraître évident que l'adolescent est responsable de l'étiquette dont il est affublé, on constate, lorsqu'on observe les relations de plus près, qu'il n'en est pas toujours ainsi.

Certains parents deviennent intolérants à l'égard des conduites de leur fils ou de leur fille quand il ou elle s'installe dans l'adolescence. Ce n'est pas tant l'adolescent lui-même qu'ils ne supportent plus, que la période qu'il est en train de traverser. Période qui réactive sans doute des éléments douloureux de leur propre adolescence, et dont l'adolescent en chair et en os va faire les frais. Or, le regard que l'adolescent sent posé sur lui le détermine. Il présente de fortes capacités d'adaptation aux images et aux attentes de ses parents à son égard. Il est alors si conformiste qu'il tend à les satisfaire et ne peut s'autoriser à contredire un jugement porté sur lui par un parent ou un enseignant. Considéré, par exemple, comme insupportable par ses parents, et quoique blessé par cette image, il peut le devenir réellement, soit par désespoir, soit pour coller aux attentes de ses parents, soit enfin pour provoquer ses parents hostiles. Comme le caméléon, l'adolescent peut s'identifier aux discours que ses parents tiennent sur lui. Si ceux-ci entrevoient un avenir sombre pour lui, s'ils pensent qu'il « ne s'en sortira pas », ils peuvent l'inscrire, parfois sans s'en rendre compte, dans un processus d'échec. Ainsi, l'adolescent peut-il être écrasé, anéanti par un regard dévalorisant posé sur lui ou, au contraire, dynamisé, valorisé par un regard qui croit en lui et qui lui donne confiance.

▶ Lorsque l'adolescent ressent de la haine pour l'un de ses parents

Si certains parents ont parfois un regard dépréciant sur leur adolescent, les adolescents eux-mêmes peuvent tenir des discours agressifs, voire haineux, à l'égard de l'un de leurs parents.

CONSEILS

1. Lorsqu'un un adolescent de votre entourage est perçu d'une manière dévalorisée par un adulte (parent, enseignant…), prenez le temps d'observer et d'écouter avant de réagir :

– comment est-il perçu par d'autres adultes (milieu familial, scolaire…), par ses amis… ?;

– comment interprétez-vous cette relation ? Se conforme-t-il ou non aux images que les adultes véhiculent sur lui ?

2. Si vous êtes vous-même en conflit avec lui ou s'il se rend insupportable, listez à la fois les reproches que vous avez à lui faire et ses aspects valorisants (qualités, capacités, intérêts…) pour vous construire une image de lui qui soit moins excessive et plus ambivalente. Contrôlez vos réactions spontanées à son égard quand elles sont négatives, en mettant au jour les pensées automatiques qui vous viennent à l'esprit et en vous construisant intérieurement une attitude bienveillante.

3. Si vous écoutez des parents qui tiennent un discours dévalorisant sur leur adolescent :

– mettez-vous en position d'écoute sans manifester de réaction;

– ne prenez pas parti pour ou contre le jeune;

– faites-leur entrevoir les autres aspects de leur fils ou de leur fille;

– évoquez avec eux le conformisme des adolescents, qui obéissent aux étiquettes que les adultes leur collent;

– essayez d'inscrire ces parents dans une image future de leur adolescent, meilleure que celle qu'ils ont aujourd'hui.

Des attitudes de rejet, des critiques massives vis-à-vis des figures parentales sont fréquentes durant l'adolescence car elles permettent à l'adolescent de désidéaliser ses parents. À travers ces nombreux reproches, il apprend peu à peu à les voir tels qu'il sont et non plus comme il les imaginait. En général, ces attitudes ne sont pas envahissantes car elles n'altèrent pas les bonnes relations de base qui se maintiennent entre les adolescents et leurs parents.

Parfois, ces reproches se focalisent exclusivement sur l'un des deux parents et sont alimentés par la famille ou par l'autre parent.

Exemple : **Odile** vit seule avec sa mère depuis que celle-ci s'est séparée de son père et a toujours entendu sa mère se plaindre de son ex-mari : il n'a jamais payé régulièrement la pension alimentaire de sa fille et, depuis deux ans, « ne la prend même plus au moment des grandes vacances » !

Lorsque l'un des parents tient, devant l'enfant ou l'adolescent, un discours de rejet sur l'autre parent, en s'appuyant sur les défaillances objectives de ce parent, le jeune est obligé ou se sent obligé de prendre parti pour le parent avec lequel il vit. Cette situation n'aide pas l'adolescent à se constituer des figures parentales suffisamment ambivalentes, ni totalement parfaites ni complètement insupportables. Elle accentue au contraire le mécanisme de clivage puisque le parent absent devient le « mauvais parent » sur lequel se focalisent les pulsions agressives massives du jeune.

Exemple : Durant sa dix-huitième année, **Odile** est allée s'installer chez son père. Mais les relations sont devenues rapidement conflictuelles. Odile recherchait un père idéal, image qu'elle s'était inventée pour faire contrepoids au discours de sa mère, et elle s'apercevait, au fil des jours, que son père ne correspondait pas à ses attentes.

Déçue, Odile a quitté son père. Quinze ans plus tard, elle parle constamment de ce père qu'elle n'a pas pu supporter, mais dont elle ne peut pas se passer.

9

Évaluer les conduites pathologiques

Distinguer clairement, à cet âge, les conduites normales des conduites pathologiques est une tâche difficile à réaliser d'une manière sûre, car si l'on inscrit les différentes conduites excessives des adolescents du côté de la pathologie, on peut être amené à considérer que tous les adolescents présentent, à un moment donné, des conduites pathologiques. Or, à l'adolescence, la conduite ne peut être l'unique déterminant de son caractère normal ou pathologique.

Si la question de la psychopathologie à l'adolescence préoccupe les adultes, les adolescents sont eux aussi régulièrement confrontés à cette même question.

L'EXPRESSION DU MAL-ÊTRE PAR L'ADOLESCENT

L'adolescent a de nombreuses manières de poser et de se poser la question de la normalité de ses conduites. Lorsqu'il l'exprime d'une manière interactive, à travers des actes particulièrement excessifs, parfois en rupture avec ses conduites habituelles, ses interlocuteurs ne saisissent pas toujours le sens de son interrogation. Et quand il pose distinctement cette question à la fois à lui-même et aux autres, il ne masque pas toujours l'angoisse présente derrière cette interrogation, qui peut troubler ses interlocuteurs.

Exemples : Quatre adolescents de 15 ans viennent à la rencontre de l'éducateur du centre de loisirs, une grande bouteille de bière ouverte et à moitié consommée dans une main et fumant un joint de l'autre.

« Avec trois potes, on s'est éclaté samedi soir, raconte en riant un adolescent à ses copains, on a déliré au maximum. Les gens nous ont pris pour des fous ! »

Les élèves d'une classe de seconde sont informés qu'un intervenant extérieur viendra les voir pour discuter avec eux de citoyenneté. Il leur est précisé que l'intervenant est psychologue. Lors de la première rencontre avec l'intervenant, de nombreux jeunes le questionnent d'une manière angoissée et répétitive : « Pourquoi doit-on voir une psychologue ? Est-ce que l'on est des fous ? »

L'adolescent peut tester cette question auprès des adultes et, éventuellement, percevoir à travers l'inquiétude qu'il produit s'il a dépassé les limites sociales et psychologiques qui séparent et différencient les conduites les unes des autres. C'est sans doute le cas des quatre adolescents provocateurs qui attendent peut-être que l'éducateur essaie d'évaluer, avec chacun d'eux, le caractère pathogène de sa conduite, en le faisant réfléchir sur sa dépendance à l'égard des produits qu'il exhibe. L'adolescent peut aussi jouer avec cette question, comme dans le deuxième exemple, et faire l'expérience, à travers ce jeu, de ce qu'il imagine être une conduite pathologique. Mais cette question peut aussi révéler des interrogations angoissées des élèves de la classe de seconde à propos de la normalité de leurs attitudes et conduites.

▶ Repérer l'anxiété ou l'angoisse

L'angoisse est souvent présente durant l'adolescence. C'est une réaction ponctuelle, temporaire, liée au remaniement psychique ou à un événement anxiogène. Elle a pour fonction d'alerter le Moi, afin qu'il fasse le nécessaire pour se réorganiser ou pour qu'il se prépare à faire face à une situation plus ou moins difficile. Mais l'adolescent ne donne pas toujours cette signification psychique à ses attitudes et conduites.

INFORMATION

Derrière quelles attitudes et conduites l'adolescent peut-il cacher son anxiété ?

- Il se sent tendu et incapable de se détendre rapidement.
- Il est régulièrement fatigué ou a mal quelque part.
- Il exprime des craintes pour son avenir.
- Il est essentiellement préoccupé par ses performances (scolaires, sportives...).
- Il regrette ce qu'il n'est plus ou n'a plus.
- Il est d'un optimisme excessif, débordant. Il se vante.
- Il est facilement irritable.

Les attitudes et conduites citées ici peuvent avoir aussi d'autres significations psychologiques.

L'**anxiété** est un affect pénible auquel est associée une attitude d'attente d'un événement vécu comme désagréable. Elle est parfois confondue avec le stress[1].

Derrière quelles attitudes et conduites l'adolescent peut-il cacher une certaine dose d'angoisse ?

- Il s'oppose à ses parents, ses professeurs, il est en conflit avec les autres.
- Il craint d'avoir contracté une maladie grave (cardiaque, sanguine).
- Il exprime des craintes en rapport avec les parties de son corps qui sont directement impliquées dans son développement pubertaire (taille, sein, poids, voix chez le garçon...).

L'**angoisse** est de l'anxiété à laquelle est associé un cortège de manifestations somatiques, neurovégétatives et viscérales.

1. Pour plus d'informations à ce sujet, lire *Savoir gérer les violences au quotidien*, Retz, 2001, p. 41.

Exemple : **Louise** et **Luc** se disent stressés en permanence par les performances scolaires qu'ils doivent fournir. Ils se sentent fatigués, épuisés certains jours particulièrement chargés, et ont, par moments, des peurs terribles pour leur avenir. L'un et l'autre envient Maxime, qui est toujours content de lui, même quand « il a tout foiré ». Particulièrement optimiste et exubérant, il peut se mettre en colère ou se replier sur lui-même d'une manière si soudaine que ses amis en sont surpris.

Louise et Luc reconnaissent que, parfois, ils se sentent un peu anxieux, « Mais c'est normal, ajoutent-ils aussitôt, c'est à cause du lycée ». Maxime, lui, ne comprend pas qu'on puisse le prendre pour un angoissé : « Ce n'est pas possible, dit-il, je suis toujours content de moi ! »

Ces attitudes défensives, qui consistent à se focaliser sur les causes objectives de l'anxiété ou à nier l'angoisse, ne sont guère surprenantes, car l'anxiété et l'angoisse se cachent souvent derrière des conduites si ordinaires ou si contraires que personne ne pense à identifier de l'anxiété ou de l'angoisse à ces endroits.

Mais l'angoisse peut aussi devenir pathologique quand elle envahit et submerge totalement l'adolescent dont le Moi, pris au dépourvu, se montre incapable de reconnaître l'angoisse et de s'y adapter. L'adolescent se sent démuni devant l'attaque de panique. Il ne perçoit pas son angoisse et ne peut l'exprimer clairement. L'adolescent réagit alors de façons très diverses :

– s'il réagit d'une manière somatique, il peut ressentir des douleurs, des palpitations qui l'affolent, avoir peur de mourir ou être certain d'être atteint d'une maladie impossible à repérer médicalement. C'était le cas de Christine, dont il a été question dans le chapitre 8. S'il réagit d'une manière émotionnelle, il peut ressentir une inquiétude massive ou de la panique sans motifs apparents ;

– s'il réagit en actes, il peut commettre des passages à l'acte agressifs à l'égard de lui-même, en direction de quelqu'un d'autre, ou faire une fugue ;

– s'il réagit d'une manière psychologique, il peut déprimer, douter sans cesse ou se replier sur lui-même, avoir peur de sortir de chez lui, de devenir fou…

Exemple : **Michèle** ne veut plus sortir de chez elle et refuse de se rendre au lycée. Dans la rue, elle a l'impression que tout le monde regarde son nez, qu'elle juge énorme, difforme et dont elle a honte. Dès que quelqu'un rit à côté d'elle, elle croit que l'on se moque d'elle. Michèle reste dans sa chambre car c'est seulement là qu'elle se sent en sécurité.

Michèle souhaite avoir recours à la chirurgie esthétique pour modifier ce nez, responsable de tous ses maux. La jeune fille ne perçoit pas l'angoisse masquée derrière ses **craintes dysmorphophobiques**. Angoisse qu'elle exprime à travers un symptôme phobique : le refus de sortir de chez elle.

Les **craintes dysmorphobiques** sont des préoccupations extrêmement intenses sur l'esthétique du corps et qui ressemblent à des idées obsédantes.

Lorsque les personnes qui côtoient le jeune apprennent à percevoir l'angoisse là où elle se montre, ils peuvent la nommer, la mettre en mots, en paroles pour l'adolescent afin qu'il puisse la reconnaître à son tour. Il s'agit donc pour les parents, lorsque leur fils ou leur fille présente par exemple des craintes somatiques répétées, de ne pas lui répondre en écho dans ce même registre en multipliant les consultations médicales. Il est préférable qu'ils attirent l'attention de leur fils ou de leur fille sur la dimension psychique présente derrière ses craintes.

▶ La non-perception du mal-être

Il est assez fréquent que l'adolescent ne puisse ou ne veuille ni voir ni savoir ce qui se passe psychiquement en lui.

En France, la personne qui exprime un mal-être, des difficultés psychologiques, subit souvent un regard social, peu bienveillant à son égard. De plus, elle peut être rapidement étiquetée comme malade mentale, « zinzin, folle… ». La souffrance psychique ayant une image sociale plutôt péjorative, nous sommes peu enclins à la percevoir, à la reconnaître et à l'assumer.

Dans ce contexte, les manifestations d'un mal-être (fréquent durant l'adolescence) sont souvent ressenties d'une manière diffuse et ne font pas toujours l'objet d'une prise de conscience, d'une élaboration mentale. L'adolescent est alors incapable d'exprimer ce qui se passe en lui et ce qu'il ressent. Alors, le malaise, bien présent, peut devenir tout à coup si intolérable que l'adolescent essaie d'y mettre un terme brutalement.

Exemple : **Nina** a du mal à dormir depuis quelque temps, elle pense trop. Dans la journée, elle ne peut pas se concentrer et cela l'inquiète. Elle prend chaque soir un somnifère en se servant dans la pharmacie familiale. Après une journée difficile durant laquelle elle eu de mauvais résultats scolaires, Nina, particulièrement tendue physiquement, absorbe le contenu du flacon de somnifères.

Exemples de **signes explicites** : sous le sceau du secret, l'adolescent informe un ami qu'il a envie de (ou va se) suicider. Ou bien, il lui offre un objet auquel il tient beaucoup en disant parfois : « Là où je vais, je n'en aurai pas besoin. »

Ce geste impulsif, ce passage à l'acte, est souvent précédé d'un certain nombre de symptômes avant-coureurs ou de **signes plus ou moins explicites**, auxquels les proches ne prêtent pas toujours attention. Mais l'absence de mentalisation du malaise ou de la souffrance ne peut permettre à l'adolescente de l'exprimer. Ne pouvant rien dire de ce qui se passe en elle, elle ne peut alerter son entourage, qui d'ailleurs ne s'est pas aperçu de sa souffrance.

L'hospitalisation de l'adolescent après une tentative de suicide est un moment important. La brutalité de l'acte ouvre un espace de communication parfois intense pour l'adolescent et pour ses parents : d'une part, les uns avec les autres et, d'autre part, en direction des soignants. L'acte questionne toute la famille. Mais ces interrogations peuvent se tarir rapidement dès que l'adolescent est remis sur pied. Pour les personnes qui entourent l'adolescent, il ne s'agit ni de banaliser ce qui s'est passé, ni de dramatiser. Une vigilance est donc de rigueur car cet adolescent fait dorénavant partie d'une « **population à risques** ».

Population à risques : il y a plus de tentatives de suicide chez les adolescents que dans le reste de la population, mais le taux de mortalité est moitié moins important (7,7 pour 100 000 à l'adolescence contre 15,4 pour 100 000 aux autres âges de la vie). Chiffres cités par D. Marcelli et A. Braconnier dans *La Psychopathologie de l'adolescent, op. cit.* Cf. Les références des ouvrages de Risacher Hélène et Lasbats Chantal, de Chabrol Henri cités en bibliographie.

▶ Évaluer les effets d'un traumatisme

S'il peut être difficile de repérer le mal-être d'un adolescent quand il ne le perçoit pas lui-même, il est tout aussi difficile d'évaluer les effets psychiques d'une situation traumatisante. Ils peuvent ne pas se voir tout de suite, en particulier quand ils sont masqués derrière des attitudes de prestance ou par le déni.

Exemples : Au cours d'une **exploration** de 24 heures, quatre adolescents, au demeurant assez agressifs avec leurs camarades, se font violenter physiquement par des jeunes extérieurs à leur mouvement. Ils se réfugient alors auprès de la police locale, qui alerte les responsables du camp. À leur retour, parmi leurs camarades, ils se conduisent comme à l'ordinaire et ne paraissent pas du tout altérés par ce qui leur est arrivé.

Une jeune fille de 16 ans se plaint un soir d'avoir mal au ventre. Sa mère appelle le médecin qui constate, à son arrivée, que la jeune fille est en train d'accoucher. Elle n'avait pu parler de sa grossesse ni à son ami, ni à ses parents. « Je le pensais bien, dira l'adolescente plus tard, mais je ne voulais pas le voir. »

Une **exploration** est une activité dans le cadre d'un mouvement de jeunesse se déroulant au cours d'un camp d'été.

Il est parfois nécessaire que l'adolescent se retrouve dans son milieu naturel de vie, milieu sécurisant, pour se laisser aller à exprimer ce qu'il ressent et délaisse les attitudes de prestance qui lui permettaient de faire bonne figure devant les copains. Ainsi, parmi les quatre adolescents violentés par d'autres jeunes, l'un d'eux présentera, au moins durant les six mois qui suivront l'agression, des angoisses et des troubles du sommeil avec des cauchemars.

Certains adolescents ne veulent pas voir et savoir ce qui se passe en eux. C'est le cas de la jeune fille enceinte qui, ne se sentant pas prête à gérer une grossesse, a réagi comme si elle n'était pas enceinte. Elle a eu recours au déni. Ce mécanisme de défense lui a permis d'annuler, magiquement, une réalité correctement perçue. Chez les très jeunes filles, les grossesses peuvent d'ailleurs passer inaperçues aux regards des autres, car elles ont une manière de se vêtir de vêtements amples et de tenir leurs épaules si avancées que leur état peut ne pas se remarquer. Elles peuvent être amenées à nier leur grossesse quand elles craignent des attitudes rejetantes de la part de leurs parents. Mais ces attitudes peuvent être purement imaginaires et liées à une intense culpabilité. Elles croient ainsi que leurs parents « vont les tuer » s'ils apprennent qu'elles sont enceintes, mais ces mêmes parents réagissent souvent d'une manière adaptée, mesurée, et sans s'installer dans des comportements hostiles, rigides ou inhibés, quand ils découvrent la grossesse de leur fille.

METTRE EN PAROLES

La communication avec les adolescents qui ne veulent ou ne peuvent pas entendre ce qui se passe en eux sur le plan psychique dépend, en partie, des attitudes que leurs interlocuteurs mettront en place. Si parents et enseignants réagissent en miroir et sont spontanément effrayés ou hostiles face aux conduites excessives ou aux troubles psychiques de l'adolescent, ils feront en sorte, eux aussi, de ne pas voir et de ne pas entendre ce qui devrait les alerter.

Exemples : Convoqués par la brigade des mineurs parce que leur fils héroïnomane a été pris en flagrant délit de trafic de stupéfiants, les parents de **Charlie** sont sous le choc. Ils ne se sont jamais aperçus que leur fils se droguait depuis deux ans.

Sophie, 18 ans, présente des troubles alimentaires constants. Sa mère et son père soutiennent ses choix alimentaires, qui ont exclu notamment les viandes, les poissons et les œufs. Pour eux, leur fille est simplement végétarienne.

Il ne s'agit donc ni d'ignorer, ni de fermer les yeux sur ce qui se passe, ni de se plier aux symptômes, ni de s'y adapter, encore moins de les légitimer, ni d'attendre sans fin une amélioration miraculeuse, ni de se précipiter immédiatement chez le psychiatre et le psychologue.

Il s'agit, dans un premier temps, d'être attentif aux attitudes et aux conduites de l'adolescent, de rester vigilant, d'accepter de voir ce qu'il ne voit pas, d'apprendre à réagir de manière calme et mesurée pour l'amener progressivement à prendre conscience de ce qui se passe en lui. Puis d'envisager, si cela s'avère nécessaire, une action spécifique.

La fonction interactive des troubles psychologiques

À travers leurs attitudes et conduites, les adolescents recherchent la communication avec les autres. Ils attendent que leurs interlocuteurs réagissent ou interagissent d'une manière appropriée, c'est-à-dire répondent en paroles, là où eux s'expriment, en actes, avec leur corps.

Les adolescents en état de souffrance psychique ont recours aussi à ce type d'échanges. Mais les interlocuteurs non avertis peuvent se laisser envahir par l'angoisse de l'adolescent et réagir d'une manière émotionnelle là où il faudrait rester calme et ne pas répondre avec précipitation.

Exemples : **Vanessa**, âgée de 17 ans, scolarisée en classe de première, est venue pendant plusieurs mois voir l'infirmière de l'établissement scolaire tous les jours. Elle arrivait en disant : « Je suis mal, je suis à bout… je vais me suicider ! » Elle restait plusieurs heures à parler avec l'infirmière.

Au lycée, **Fathia**, scolarisée en classe de première, fait des crises de tétanie à répétition et demande que l'on appelle ses parents ou les pompiers. Amenée à l'infirmerie de l'établissement par ses camarades, elle exige que l'infirmière lui donne immédiatement du calcium.

Fathia présente une conduite psychosomatique à répétition, de type névrotique, face à laquelle ses parents et ses amies ont pris l'habitude de réagir en lui donnant du calcium. Ils répondent ainsi dans le même registre que celui attendu par la jeune fille. Cet acte permet non seulement à Fathia d'évacuer son angoisse, mais il donne aussi une signification somatique à un trouble psychique.

CONSEILS

Comment réagir face aux troubles de l'adolescent

1. Informez l'adolescent

Il serait souhaitable que chaque adolescent sache qu'il traverse ou va traverser une période (particulière et normale) de turbulence dont les effets internes peuvent le surprendre à certains moments :

– engagez-le à être un peu attentif à ce qui se passe en lui, sans l'alarmer ni dramatiser, et en essayant de mettre des mots sur ce qu'il ressent ;

– proposez-lui de chercher dans son environnement un interlocuteur privilégié avec lequel il pourrait communiquer en cas de besoin ;

– fournissez-lui des adresses ou numéros de téléphone[1] à contacter en cas de questionnement sur soi, difficultés psychiques, mal-être, inquiétudes…

2. Informez-vous vous-même

Sur les différentes manières (verbales et non verbales) qu'ont les adolescents d'exprimer ou de ne pas exprimer angoisse, dépression, envahissement pulsionnel, phobies, obsessions, émotions, inquiétudes[2]…

3. Accompagnez l'adolescent

Pour qu'il perçoive ce qui se passe en lui et qu'il ne veut pas voir ou savoir actuellement. **Ce qui est important ici est de ne pas faire ce travail de prise de conscience ou de mise en paroles à la place du jeune :**

– observez régulièrement l'adolescent et faites-lui part, de temps en temps, des observations recueillies sur son état psychologique, sans précipitation ni affolement, en choisissant le moment et en faisant particulièrement attention à la manière de lui en faire part ;

– formulez les observations sous la forme interrogative : « Est-ce que tu ne serais pas en train de… ? » ;

Vous êtes ainsi amené à le questionner sur lui-même. Précisez-lui, avant de commencer, que vous le faites pour qu'il s'interroge et trouve les réponses en lui-même, et qu'il ne doit pas se sentir obligé de vous répondre à vous.

4. Si vous supposez que l'adolescent que vous avez observé pourrait présenter des signes d'une souffrance psychique, et si vous en êtes troublé, ne réagissez pas immédiatement à son égard :

– discutez-en d'abord avec un soignant : médecin de famille, médecin scolaire, infirmière, ou rejoignez un groupe de paroles, ou contactez une **structure éducative**. Cet échange pourra vous permettre de prendre un peu de recul pour agir ensuite avec discernement et sans précipitation ;

– si vous êtes déprimé, agacé, bloqué… par les difficultés psychologiques que présente en ce moment l'adolescent, vous pouvez aussi aller en parler vous-même avec un psychiatre ou un psychologue.

Comme l'École des parents et des éducateurs, qui écoute, informe, conseille les parents par téléphone ou dans le cadre de consultations généralistes ou spécialisées (les informations pratiques sont données dans la dernière partie de ce chapitre, « Les démarches pour agir »).

1. Lire à ce propos, dans la dernière partie de ce chapitre, « Les démarches pour agir ».
2. Une bibliographie est proposée à la fin de l'ouvrage.

Si, dans ce type de communication, les interlocuteurs entendent d'une manière immédiate et littérale la demande ou l'angoisse de l'adolescent, la situation ne peut guère évoluer. Bien au contraire, cette communication conforte l'adolescent dans son symptôme. Expérimentée, l'infirmière de l'établissement scolaire ne répond pas à la demande de Fathia. Elle se contente de la calmer, en lui massant les mains par exemple. Elle diffère l'appel auprès des parents. Elle explique le symptôme et rassure la jeune fille. Elle gère l'angoisse véhiculée par les camarades de Fathia, qui sont furieuses que l'infirmière ne lui donne pas de médicament. En effet, elles expriment, à la place de la jeune malade, un des sens de cette conduite psychopathologique à travers une phrase formulée avec beaucoup d'agressivité : « Donnez-lui quelque chose, vous n'allez tout de même pas la laisser mourir ! »

Si la tétanie de Fathia est une manière d'exprimer (entre autres significations) le trop plein d'angoisse, la menace suicidaire est pour Vanessa une façon de dire son intolérance face à l'envahissement psychique dont elle est l'objet, une sorte d'appel à l'aide auquel l'infirmière de l'établissement scolaire répond par une écoute tranquille et attentive en prenant quotidiennement le temps de recevoir Vanessa qui, ainsi, ne fera pas de tentative de suicide.

Mais les symptômes psychologiques de certains adolescents ne témoignent pas exclusivement de leurs importantes difficultés psychiques actuelles. Les symptômes participent à la communication interactive avec la famille puisqu'ils ont pour fonction d'interpeller les parents, de leur signaler que quelque chose ne fonctionne plus dans la dynamique familiale et de les pousser à se mettre eux aussi psychologiquement au travail.

Exemple : **Gaël** est en seconde et refuse de sortir de chez lui. Il ne se rend plus au lycée et ne veut pas travailler. Il ne semble présenter ni difficultés scolaires ni troubles psychologiques spécifiques. Ses parents se sont séparés d'une manière violente. Gaël a d'abord été confié à la garde de son père, tandis que sa mère avait la garde de sa sœur, mais il a tenu à retourner chez sa mère. Actuellement, il sort exclusivement pour aller voir le psychiatre, qu'il rencontre régulièrement. Les parents, d'abord hostiles à la prise en charge psychologique de leur fils, s'entretiennent maintenant régulièrement, l'un et l'autre, avec un psychiatre.

Le refus scolaire de Gaël a remobilisé cette famille dans laquelle la communication était bloquée après avoir été fortement conflictuelle, permettant ainsi à chacun des deux parents de trouver un lieu de parole dans lequel il essaie de mettre au jour ses conflits et sa problématique à l'origine, sans doute, de la rupture de communication. Gaël envisage peut-être de rester chez lui, refusant de retourner au lycée, jusqu'à ce que la communication circule de nouveau d'une manière fluide entre les membres de sa famille.

Le cas particulier des sévices physiques ou sexuels

Les adolescents ayant subi ces violences manifestent des capacités de communication variables suivant leurs interlocuteurs.

Exemples : **Françoise**, 16 ans, a fait une fausse couche à la suite d'un viol commis par un ami de sa mère, qui vivait chez elle. Son histoire est révélée brutalement. Face aux adultes qui se mobilisent autour d'elle, y compris les personnels spécialisés, Françoise refuse d'entendre parler de lieu de parole, de rencontre avec un spécialiste de la relation et leur répond : « Tout va bien ! C'est ma vie privée, ça ne vous regarde pas. Je n'ai besoin de rien. »

Maud a attendu d'être majeure pour porter plainte contre son père qui l'avait violée lorsqu'elle était âgée de 9 à 14 ans, âge où la jeune fille a pu se refuser à son père. Maud n'a pas porté plainte alors, car elle craignait les réactions familiales, d'autant plus que sa mère ne l'a pas crue, à ce moment-là.

Dans le cadre d'une plainte pour viol par son beau-père, **Léa** répond aux questions posées par l'officier de la brigade des mineurs avec indifférence, comme si elle n'était pas concernée par cette affaire.

Lorsque l'adolescent, victime de violences sexuelles, vient rencontrer les policiers de la brigade des mineurs, il lui est demandé de décrire les faits pour permettre l'instruction du dossier. Si les policiers prennent le temps d'écouter le jeune, s'ils tolèrent ses attitudes (qui peuvent paraître surprenantes dans le cas de Léa) faites parfois de froideur ou d'indifférence, s'ils acceptent que l'adolescent exprime ses émotions au fil des réponses, la communication entre l'adolescent et ses interlocuteurs en est facilitée. L'adolescent se détend alors, questionne à son tour, sourit, plaisante parfois avec les policiers. C'est un moment important au cours duquel l'adolescent parle de ce qu'il a vécu en répondant à des questions précises. L'adolescent parle, sans doute parce que sa parole va être « actée », écrite, et va soutenir une démarche juridique.

Mais, en général, ces adolescents, comme Françoise, se confient peu, parlent peu spontanément de leur vécu douloureux, y compris au cours des prises en charge psychologiques. Durant ces entretiens, auxquels pourtant l'adolescent se rend volontiers, il manifeste une certaine difficulté à parler. Parfois, l'inhibition est telle qu'il lui est impossible de mettre en mots lui-même son vécu traumatisant. Il fuit la parole pour fuir la souffrance car les plaies psychiques sont restées béantes, et souvent encore longtemps après les actes. Pour essayer de faire naître cette parole, les soignants proposent à l'adolescent d'autres moyens pour symboliser, petit à petit, les actes dont il a été victime. Ils s'appuient en particulier sur des outils pédagogiques ou ludiques (livres, récits, jeux, marionnettes…).

CONDUITES NORMALES ET CONDUITES PATHOLOGIQUES

Les conduites excessives des adolescents ne s'inscrivent pas obligatoirement dans un processus psychopathologique nécessitant une prise en charge spécifique. Pour entrer dans le champ de la pathologie, ces conduites doivent être évaluées en fonction d'un certain nombre de critères qui, s'additionnant les uns aux autres, peuvent permettre de distinguer les pathologiques des normales, même si la frontière entre les deux est assez floue.

Ce qui manque à l'adolescent, présentant d'une manière évidente des conduites psychopathologiques, ce sont la flexibilité et la mobilité psychique. Ses capacités et son énergie sont utilisées massivement par son Moi pour se protéger des excitations, informations internes ou externes… qu'il reçoit. Il a donc très peu de ressources pour s'adapter d'une manière adéquate aux changements internes, aux personnes et aux situations différentes et nouvelles qu'il rencontre. Mais cet adolescent, incapable de s'adapter aux autres, peut contraindre son environnement à s'adapter à lui.

Il n'est donc pas inutile d'essayer de repérer précocement la présence d'éléments pouvant entraver son adaptation en s'appuyant sur la multiplicité de critères.

CONSEILS

Comment utiliser les critères

1. Observez l'adolescent et repérez les **conduites** qui paraissent excessives :
– vérifiez auprès d'autres personnes (famille élargie, amis, milieu scolaire...) si ces conduites ont été remarquées;
– tenez compte de l'intolérance des personnes extérieures à la famille à l'égard de ces conduites.
2. Observez chaque conduite en fonction des cinq premiers critères décrits dans le tableau p. 157 :
– la conduite se produit-elle fréquemment ? Dure-t-elle depuis plus de deux mois ? L'adolescent souffre-t-il psychiquement d'une manière importante ? La conduite s'est-elle étendue à plusieurs **secteurs** ? L'adolescent est-il inadapté à certaines situations qu'il rencontre ?;
– évaluez la gêne que cette conduite peut susciter pour l'adolescent au cours de la journée.
3. Observez votre propre tolérance ou intolérance à l'égard de cette ou de ces conduites. Comparez votre attitude à celle des personnes que vous avez questionnées durant la première phase (voir 1.).
4. Si l'intolérance à l'égard de cette ou de ces conduites prédomine ou si vous tolérez une conduite que d'autres ne tolèrent pas :
– informez-vous sur ces conduites auprès de personnes expérimentées ou en consultant des ouvrages spécialisés;
– parlez-en à la première occasion avec votre médecin, le pédiatre de l'adolescent, un membre du personnel de santé scolaire... afin d'évaluer avec plus de précision la ou les conduites repérées.
5. Si la communication avec l'adolescent est encore possible et si vous n'êtes pas trop angoissé vous-même par ce dont vous venez de vous rendre compte, vous pouvez aborder cette question avec le jeune en choisissant le moment favorable :
– pour évaluer son degré de souffrance et de prise de conscience;
– pour le sensibiliser, le mobiliser, le préparer à une démarche de soins : demander l'avis d'un spécialiste, accepter son diagnostic et être acteur du projet thérapeutique.
Les conditions optimales de ce ou de ces moments sont énumérées dans l'encadré pp. 152-153.

Ces **conduites** peuvent être, par exemple, des conduites centrées sur le corps : perturbations pondérales (obésité ou perte de poids importante); des perturbations des habitudes alimentaires (régimes divers et fantaisistes); des crises d'angoisse. Elles peuvent aussi être des craintes centrées sur le corps : plaintes diverses, dysmorphophobies, crises de nerf ou de tétanie, malaises...; des idées obsédantes; une inhibition intellectuelle, relationnelle (la timidité); des conduites agies (fugues, violences, agressivité contre les personnes ou contre soi...); des peurs diverses; des conduites dépressives; des conduites d'addiction (absorption de toxiques); des impressions de bizarrerie ou d'étrangeté par rapport au corps...

Secteur familial : parents et famille élargie. Secteur scolaire : relations avec les autres et les enseignants, activités scolaires. Secteur extra-scolaire. Secteur relationnel : relations avec les amis.

Critères permettant de distinguer les conduites normales des conduites pathologiques

Critères	Conduites normales	Conduites pathologiques
La fréquence	La conduite excessive normale est passagère. Elle apparaît par intermittence.	La conduite pathologique se révèle fréquemment. Elle s'installe. Elle a pu déjà apparaître antérieurement[1].
Le temps		La conduite pathologique dure, d'une manière évidente, depuis plus de 2 à 6 mois.
L'intensité	Le malaise et les émotions provoqués par la conduite excessive restent supportables.	La souffrance psychique de l'adolescent est intense. Il est submergé par son malaise. Il subit son état, sans pouvoir toujours en parler.
L'évolution de la conduite	La conduite excessive reste limitée à un secteur précis[2]. Puis elle disparaît.	La conduite pathologique s'étend et concerne d'autres conduites[3]. De nouvelles conduites pathologiques, parfois incompréhensibles pour l'entourage, apparaissent[4].
Le retentissement	Les capacités d'adaptation intellectuelles, sociales, affectives... de l'adolescent ne sont pas modifiées.	L'adolescent présente des difficultés d'adaptation aux situations de la vie quotidienne. Il a du mal à gérer les informations nouvelles qu'il reçoit. Son évolution psychologique est perturbée.
Les causes		Des événements intenses[5], survenus avant l'apparition de la conduite, ou des événements de l'histoire parentale[6] sont repérés chez les adolescents présentant des conduites psychopathologiques.
La communication avec les autres		La dynamique familiale est bloquée. Il y a pas, peu ou plus de communication spontanée entre les membres du groupe.

1. L'adolescent qui présente des accès d'angoisse, massifs et soudains, peut avoir rencontré quelques épisodes similaires durant son enfance.
2. Un adolescent présente, par exemple, une conduite agressive uniquement à l'égard de sa mère. Avec les autres personnes, il conserve des relations non conflictuelles.
3. Un autre adolescent initialement agressif à l'égard de sa mère est devenu agressif ensuite vis-à-vis de ses professeurs, puis de ses grands-parents. Ensuite, ses performances scolaires se sont affaiblies...
4. Ce sont souvent des symptômes qui protègent l'adolescent de sa souffrance, de son malaise : bizarreries, rituels, peurs diverses, doutes perpétuels, craintes de maladies, dépression, passages à l'acte...
5. Il s'agit d'événements familiaux, sociaux... comme un déménagement ou un accident, un décès, le chômage d'un proche ou d'un parent...
6. Ces parents peuvent avoir traversé, au moment de la naissance de leur enfant ou durant l'adolescence de celui-ci, des épreuves psychiques, liées à des événements intenses, qui ont laissé des traces non cicatrisées.

QUAND UNE CONSULTATION AVEC UN SPÉCIALISTE EST-ELLE NÉCESSAIRE ?

S'il ne paraît pas nécessaire de s'alarmer lorsqu'un adolescent agit d'une manière excessive, il n'en va pas de même lorsque cette conduite s'inscrit dans le registre pathologique, c'est-à-dire lorsqu'elle répond à plusieurs critères à la fois. Pour éviter que l'adolescent ne s'enferme progressivement dans des conduites pathologiques, il convient d'agir dans un délai de 2 à 6 mois. Il s'agit alors pour l'adolescent et pour ses parents d'accepter de consulter un psychiatre ou un psychologue.

▶ À propos d'anorexie et de boulimie

Il est particulièrement difficile de repérer la dimension psychopathologique présente dans des troubles alimentaires pris à leur début, car toute adolescente confrontée à des poussées pulsionnelles intenses risque, pour s'en protéger, de régresser au niveau de la pulsion orale et d'avoir envie de manger constamment d'une manière particulièrement fantaisiste.

Exemple : **Sophie**, 15 ans, mange quand elle a faim, c'est-à-dire à toute heure du jour ou de la nuit. Par moment, elle consomme exclusivement certains produits. Actuellement, c'est la période laitages, période qui fait suite à la période féculents. Quand elle juge qu'elle a trop mangé, elle se prive brusquement de toute nourriture aussi longtemps que possible puis elle craque brutalement et engloutit, en très peu de temps, des quantités de nourriture démesurées.

DÉFINITIONS

Quand les conduites alimentaires deviennent pathologiques...

Les conduites suivantes viennent s'ajouter aux troubles alimentaires précédents.

– Les choix alimentaires sont justifiés avec des arguments surprenants, illogiques, bizarres. Ainsi, certains aliments sont refusés avec dégoût car ils sont perçus comme dangereux ou empoisonnés.

Ces arguments ne cèdent pas face aux discours scientifiques ou de la raison.

– Le régime alimentaire, commencé pour perdre quelques kilogrammes, est poursuivi bien au-delà du nécessaire.

– L'adolescent s'isole pour manger, jeter ou cacher la nourriture après l'avoir acceptée...

Les conduites alimentaires de Sophie ont la particularité de changer sans arrêt. La jeune fille, qui semble expérimenter toutes les possibilités alimentaires, ne se fixe pas encore sur des habitudes alimentaires précises. Le trouble alimentaire de Sophie ne s'inscrit pas, pour le moment, dans le registre pathologique. Mais il pourrait devenir préoccupant s'il s'installait dans la durée.

La future anorexique commence un régime pour perdre quelques kilogrammes car elle ne s'aime pas telle qu'elle est et attribue ce sentiment dévalorisant à son poids. Mais le discours de l'adolescente à propos de son image masque un conflit psychique interne exprimant son refus de l'évolution de son corps et l'apparition des pulsions sexuelles.

CONSEILS

1. Ne pas se focaliser uniquement sur les troubles alimentaires de l'adolescente afin de préserver les différentes possibilités de communication :

– les parents peuvent ainsi accepter que leur fille entame un régime alimentaire à condition que ce régime soit suivi par un tiers, **extérieur à la famille** ;

– pour conduire la jeune fille à accepter un régime sous surveillance, il est nécessaire que les autres membres de la famille n'entament pas eux-mêmes des régimes sans être contrôlés par un spécialiste.

2. La jeune fille faisant son régime sous le contrôle d'un tiers, les parents peuvent se libérer de la surveillance alimentaire quotidienne de leur fille et :

– ne pas s'introduire dans la relation entre leur fille et le diététicien ;

– s'informer du poids exact auquel leur fille doit arrêter son régime ;

– soutenir les conseils donnés par le spécialiste ;

– encourager vivement leur fille à se rendre à ses rendez-vous.

3. Lorsque la jeune fille continue son régime au-delà du poids fixé, lorsqu'elle argumente d'une manière bizarre ses refus et ses choix alimentaires, les parents et les membres de l'entourage doivent :

– discuter avec la jeune fille pour lui expliquer ce vers quoi elle pourrait être en train de s'engager, c'est-à-dire une éventuelle anorexie mentale[1] ;

– l'informer qu'ils ne tarderont pas à l'emmener consulter un spécialiste de la relation ;

– prendre un rendez-vous sans tarder. Certaines consultations pour adolescents (en CMP...) assurent des prises en charge spécifiques pour les adolescents qui présentent des troubles alimentaires.

4. Agir sans attendre que l'**anorexie** s'installe :

– l'évolution des troubles alimentaires dépend de la rapidité d'intervention ;

– pour préserver une certaine qualité de communication avec leur fille et favoriser la relation et le dialogue avec l'équipe soignante.

Les jeunes filles peuvent obtenir l'adresse d'un diététicien auprès de l'Association des diététiciens de langue française (ADLF) : 35, allée Vivaldi, 75012 Paris, tél. 01 40 02 03 02. Elles peuvent aussi se renseigner auprès de leur pharmacien car certaines pharmacies proposent des conseils gratuits en diététique.

Car dans les formes d'**anorexie** majeure, lorsque la survie est en jeu, la réanimation devient, dans un premier temps, nécessaire. Ensuite, l'hospitalisation et l'isolement s'inscrivent dans un projet thérapeutique comprenant plusieurs modalités : une psychothérapie pour l'adolescente, un groupe de parole pour les parents, un contrat entre les soignants et la jeune fille, une assistance nutritive, ainsi qu'un traitement antidépressif s'il existe des symptômes de ce type.

1. Lire à ce sujet les pages 185 à 191 du livre d'Alain Braconnier et Daniel Marcelli, *L'Adolescence aux mille visages. L'École des parents* a consacré le n° 5/95 de sa revue à ce thème. Le n° 7-8 (1998) de la *Revue de neuropsychiatrie de l'enfant et de l'adolescent* y consacre un article (voir la bibliographie à la rubrique « Revues »).

Exemple : Les parents de **Sandrine** « ont tout essayé » pour l'amener à arrêter son régime alimentaire quand ils se sont aperçus qu'elle « fondait à vue d'œil ». Ils ont le sentiment d'avoir dépensé une énergie considérable en prières, menaces, séduction, chantage, conseils... Ils ont fini par adopter une attitude d'indifférence et par « la laisser faire ce qu'elle voulait » car la communication avec elle devenait fortement conflictuelle.

La jeune fille démarre souvent ce régime en imitant sa mère qui vient de commencer elle-même un régime alimentaire. Et lorsqu'elle continue à perdre du poids bien au-delà du souhaitable, la communication avec ses parents prend des formes diverses, inadéquates et conflictuelles qui ne modifient en rien son trouble alimentaire.

▶ À propos de conduites dépressives

Il n'y a pas d'adolescence sans séquences dépressives[1]. Mais tant que ces séquences alternent avec des moments où l'adolescent est paisible et content de lui-même, cette conduite excessive ne nécessite pas de se mettre immédiatement en position d'alerte.

Le repérage d'un épisode dépressif à cet âge doit tenir compte de la présence d'au moins quatre critères : fréquence, temps, intensité et évolution du symptôme.

Exemple : Depuis plus de 15 jours, **Marion** tient constamment des propos dévalorisants sur elle-même. Elle se culpabilise sans cesse parce qu'elle n'a pas fait ce qu'elle aurait dû faire ou n'est pas conforme à ce qu'elle devrait être. À plusieurs reprises, elle a, devant sa sœur aînée, parlé de la mort, mort qui la libérerait de sa souffrance actuelle. Marion est triste, très fatiguée. Elle dort mal, s'endormant très tard dans la nuit et se réveillant avant l'aurore. Elle n'a pas d'appétit et n'a plus aucun plaisir à manger. Il serait souhaitable, compte tenu de la souffrance persistante de la jeune fille, que les parents de Marion la conduisent chez un spécialiste de la relation pour lui demander son avis sur la présence d'un éventuel épisode dépressif.

Le ralentissement physique et psychique, la souffrance morale intense et la perte des intérêts caractérisent la dépression. D'autres symptômes, non spécifiques, peuvent s'ajouter à ce tableau, en particulier l'agitation, l'hyperactivité, les colères subites sans raisons, les fugues, les passages à l'acte dont les tentatives de suicide. Souvent, ces symptômes s'installent en réaction à des situations ou des événements qui passent parfois plus ou moins inaperçus. Il est

1. Lire à ce propos « L'adolescent, ses parents et leur dépression », in *Revue de l'école des parents*, n° 6/95, Paris, FNEPE, ou les ouvrages de Pierre Baron et de Marie-Christine Mouren-Siméoni cités dans la bibliographie.

donc important que les parents et l'entourage de l'adolescent soient vigilants pour écouter et soutenir le jeune face aux difficultés qu'il rencontre (rupture amoureuse, difficulté scolaire, relations familiales conflictuelles…).

Cet accompagnement nécessaire de l'adolescent n'exclut pas la consultation auprès du spécialiste car les conduites dépressives ne « passent pas toutes seules avec le temps ! ». Au contraire, les symptômes dépressifs finissent par altérer la capacité de communication de l'adolescent avec son entourage ainsi que celle d'exprimer ce dont il souffre.

Le traitement médicamenteux peut s'avérer nécessaire pour l'aider momentanément à renouer un dialogue avec les autres et à entamer une **thérapie relationnelle**. Mais il peut être aussi nécessaire d'agir sur l'environnement de l'adolescent, si celui-ci se plaint. Un changement d'établissement scolaire ou d'habitation, une hospitalisation peuvent participer à l'amélioration de l'état psychique de l'adolescent.

Thérapie relationnelle : il peut s'agir d'entretiens, de psychothérapie brève ou longue, de psychanalyse, de psychodrame analytique…

À propos de toxicomanie

La consommation de produits toxiques se situe au centre d'un paradoxe. L'adolescent revendiquant son indépendance, mais incapable de se séparer psychiquement de ses parents, déplace cette position de dépendance sur un produit. Et c'est à travers ce produit qu'il se sent autonome par rapport à sa famille. L'adolescent qui a recours aux produits toxiques ayant effet sur le psychisme les utilise comme des « médicaments » qu'il se prescrit lui-même sans contrôle médical, pour se protéger des excitations internes et externes qu'il ne peut gérer par lui-même. Le produit accède à un statut de toute-puissance. Il le protège, le contient comme ses parents le protégeaient et le contenaient quand il était enfant.

Si le véritable toxicomane centre sa vie sur la recherche exclusive du produit dont l'utilisation et les effets deviennent une « fin en soi », les interlocuteurs de ce jeune doivent se centrer sur les significations de cette conduite et notamment sur la question paradoxale de la dépendance-indépendance.

Il est absolument nécessaire de repérer rapidement le caractère pathologique de la conduite. Car si la toxicomanie **commence à l'adolescence**, tous les consommateurs occasionnels ne seront pas de futurs toxicomanes. Les critères d'appréciation portent à la fois sur le type de consommation, l'évolution et le retentissement de la conduite dans la vie de l'adolescent. Il faut ajouter à ces critères l'intensité de la consommation d'autres produits toxiques comme le tabac et l'alcool.

Et pas avant 16-17 ans pour les drogues dures, drogues utilisées par une faible minorité de jeunes.

Exemples : Pour **Marie-Cécile**, « fumer un joint » fait partie des expériences nécessaires qu'elle est contente de faire pour connaître le plus de choses possibles. Elle fume exclusivement durant les vacances pour se faire plaisir, et avec certains copains.

Bertrand a découvert le shit par hasard avec un copain et a constaté que ça le déstressait. Il fume maintenant régulièrement, seul et dans sa chambre. Il n'y a que de cette manière qu'il se sent bien, ça l'aide à s'endormir et il dort plutôt bien, alors qu'il fait habituellement des cauchemars. Bertrand vient de redoubler sa classe de seconde.

Théo, 20 ans, a définitivement arrêté sa scolarité. Il a complètement perdu le contact avec ses copains et voit exclusivement maintenant des personnes qui, comme lui, consomment des produits toxiques quasi quotidiennement.

Pour déterminer les différents types de consommation, il est important de connaître à la fois les produits utilisés par les jeunes et les **conditions de consommation**. La régularité et le besoin du produit sont des éléments dont il faut précisément tenir compte. Marie-Cécile est une utilisatrice occasionnelle qui consomme d'une manière festive, alors que Théo est déjà devenu toxicomane. Bertrand présente, lui, des facteurs de risque, et devrait consulter sans tarder son médecin.

Informations sur les **conditions de consommation** : le Comité français d'éducation pour la santé édite des brochures pour aider les parents. Brochures à demander au CFES, 2 rue Auguste Comte, 92170 Vanves, tél. 01 41 33 33 33. Ou s'informer par Minitel : 36 17 TOXIBASE. Cf. les références du livre d'Yves Gervais, cité dans la bibliographie.

Lorsque la famille et l'entourage de l'adolescent constatent ou sont informés de certaines consommations de produits ayant des effets sur le psychisme, il n'est pas inutile, avant de s'alarmer, de **s'informer**. Les lectures d'articles spécialisés et les discussions avec des personnes qualifiées peuvent permettre aux parents de mieux observer l'adolescent pour tenir ensuite les conduites adaptées à sa situation, car tout adolescent qui présente des conduites toxicoma-

S'informer en téléphonant à Drogues Info Service, au 0800 231 313 qui, 24 heures sur 24 et 7 jours sur 7, répond aux demandes d'aide, d'information et d'orientation, ou à Inter Services Parents au 01 44 93 44 93.

Les adresses de **centres de soins** spécialisés peuvent être obtenues auprès des numéros verts ou de la Direction départementale de l'action sanitaire et sociale (DDASS) du département.

niaques est un cas particulier. Il serait souhaitable que les parents puissent trouver, tout au long de cette démarche d'évaluation des éventuelles conduites toxicomaniaques de leur fils ou de leur fille et au moment de le mobiliser pour qu'il entame une démarche de **soins**, un soutien auprès de leur médecin traitant, d'un groupe de parents, ou d'un numéro vert spécialisé… Pour les parents et pour l'entourage, c'est une période difficile, plus ou moins longue, au cours de laquelle ils peuvent se sentir très démunis. Les parents n'ont pas toujours la capacité et l'énergie pour lutter contre le produit, véritable « corps étranger[1] » qui habite leur fils ou leur fille.

La **psychose** est caractérisée par une grande difficulté à s'approprier son identité, son corps sexué, sa relation aux autres, à contrôler son angoisse, les excitations internes et externes. L'adolescent psychotique peut osciller brusquement entre exaltation et dépression, multiplier les crises de nerfs, être fortement agressif ou insolent sans raisons apparentes. Il semble ailleurs et s'isole longuement en lui-même. Ses réactions sont bizarres, infantiles, inexpliquées, étranges. Il tient des propos décousus. Il adopte des identités imaginaires, en se prenant pour une vedette, par exemple. Il ne comprend pas ses modifications corporelles…

▶ À propos d'évolution psychotique

S'il est une pathologie pour laquelle il ne faut pas se hâter à poser un diagnostic, c'est bien la **psychose**. D'une part, aucune conduite excessive prise isolément ne caractérise un état psychotique. Et, d'autre part, peu de schizophrénies débutent avant l'âge de 16 ans. Elles démarrent plutôt entre 18 et 20 ans.

Un adolescent peut aussi donner l'impression d'être psychotique sans développer les symptômes caractéristiques. Ainsi, un psychiatre raconte avoir reçu en consultation un jeune homme faisant des dessins déstructurés, morcelés… caractéristiques de la psychose, mais qui n'est jamais devenu psychotique.

Les manifestations peuvent s'installer d'une manière insidieuse ou spectaculaire. En quelques mois, l'ensemble des symptômes apparaissent. Ils permettent de poser un diagnostic précis après six mois de troubles évidents. Mais ces conduites ne sont pas irréversibles car un adolescent peut se remettre d'un accès délirant.

Exemples : **Philippe**, 17 ans, « a craqué » en classe de première. Bon élève, il a tout a coup été envahi par des angoisses massives. Très investi sur le plan scolaire, il s'est mis à rater tous ses devoirs malgré un énorme travail. Rapidement, il s'est mis à être pris de panique et à vomir en classe sur une interrogation. Dès qu'il a commencé à avoir des visions, il a été hospitalisé. Son parcours scolaire a été définitivement interrompu.

1. Lire à ce propos d'Alain Braconnier et de Daniel Marcelli, *L'Adolescence aux mille visages*, pp. 219 à 232. Références exactes dans la bibliographie p. 174.

Juan est un jeune homme très bien adapté socialement. À la suite – et sans doute au cours – d'une fugue, il fait une entrée brutale dans la psychose. Retrouvé par la police, il est incapable de dire qui il est et ce qui vient de se passer.

Martine ne comprend pas ce qui lui arrive. Elle qui était une assez bonne élève ne comprend plus, par moment, ce qu'elle est en train de lire. Les mots perdent tout à coup leur sens et elle se sent perdue. Elle craint beaucoup que ce symptôme ne s'installe durablement.

La perception précoce de ce type de difficulté psychologique dépend de la capacité d'exprimer les émotions, sentiments et réactions dans le cadre de la famille et de la tolérance familiale face aux comportements excessifs. Une trop grande distance entre les parents et l'adolescent, ou le faible intérêt familial pour les manifestations psychologiques, différera le moment de la prise de conscience nécessaire pour que l'adolescent et ses parents se mettent en situation d'alerte, se mobilisent psychiquement et se rendent chez le psychiatre.

Les troubles psychotiques nécessitent en effet un traitement spécifique qui peut être mis en place au cours d'une hospitalisation.

QUE FAIRE ?

Il ne suffit pas toujours de dépister chez un adolescent des conduites psychopathologiques qui entravent son évolution psychologique pour que le jeune et ses parents entament rapidement une démarche de soins. Celle-ci est l'aboutissement d'une réaction en chaîne rendue possible par une *mobilisation psychique*. Cette mobilisation permet, à l'adolescent et à sa famille, de prendre conscience de la difficulté psychologique, de la souffrance et de la gêne qui en découlent et de reconnaître que le jeune ne pourra pas se dégager seul de cette ou de ces conduites. Cette prise de conscience débouche sur une « demande », véritable désir de se soigner, c'est-à-dire de faire disparaître les conduites psychopathologiques, non par la toute-puissance d'un vouloir guérir, mais par les thérapeutiques appropriées, dont les effets ne sont pas immédiats.

Certains adolescents et leur famille sont rapidement mobilisables, mais d'autres ne sont pas encore prêts à reconnaître et à accepter la pathologie du jeune. L'entourage familial, les divers interlocuteurs du jeune et de sa famille auront alors pour tâche, à travers un patient dialogue souvent renouvelé, d'amener l'adolescent et ses parents à demander l'avis d'un spécialiste, puis à accepter son diagnostic et le projet thérapeutique qu'il propose, et enfin à commencer la thérapie. Entre la première consultation et le début effectif de la prise en charge psychologique, il peut parfois s'écouler plusieurs mois.

▶ S'adresser à des spécialistes de la relation

Lorsque la communication à l'intérieur de la famille permet à l'adolescent d'exprimer et de faire entendre ses difficultés, lorsque les parents ont l'habitude de faire soigner leurs enfants quand ils sont malades physiquement, les uns et les autres se montrent vigilants à l'égard des troubles (somatiques ou psychologiques) qui entravent le développement du jeune. Ils sont alors mobilisables soit d'eux-mêmes, soit à la suite d'une information donnée par un tiers. Rapidement, l'adolescent, soutenu ou accompagné par ses parents, s'adresse au médecin de famille ou au personnel de santé scolaire pour parler de ce qui le préoccupe, puis il entreprend les démarches nécessaires auprès des structures spécialisées.

Exemple : Le professeur principal de **Pascal** a constaté une modification des comportements du jeune homme en classe : repli sur soi, absence de participation, regard fuyant, baisse d'efficience... Il demande à rencontrer ses parents qui ont eux aussi perçu ces nouvelles attitudes et conduites de Pascal. L'entretien leur permet de faire le point ensemble sur ses difficultés. Les parents et Pascal reconnaissent qu'il ne peut, en ce moment, se dégager seul de ces attitudes et conduites qui le gênent dans la vie quotidienne. Le professeur leur communique les coordonnées du centre médico-psychologique avec lequel l'établissement scolaire travaille et auquel il a déjà envoyé des jeunes en état de souffrance psychique. Ensemble, ils ont recherché les adresses nécessaires, ont choisi le lieu de consultation et convenu que Pascal, âgé de 16 ans, prendrait rendez-vous lui-même.

Les jeunes qui se présentent dans les consultations médico-psychologiques (CMP, CMPP...) sont souvent adressés par les personnels des collèges et des lycées, qui signifient ainsi au jeune et à sa famille que les difficultés actuelles de l'adolescent peuvent, dans un lieu adéquat, être dites, entendues et soignées. Il arrive que l'adolescent, à qui ce conseil a été donné, se présente au centre avec l'un de ses copains. L'un amène l'autre. Lorsque ces centres psychologiques proposent des permanences d'écoute, les adolescents sont reçus immédiatement. Ils peuvent ainsi voir le lieu, se faire une idée sur ce que l'on y fait, questionner les personnes qu'ils rencontrent, parler de la pathologie du copain. Ils viennent tester l'institution et les personnes, mais aussi se rendre compte que « ce n'est pas aussi dangereux qu'ils le croyaient de parler de soi ».

Les consultations privées peuvent être aussi des lieux que les adolescents investissent par eux-mêmes, parfois contre l'avis de leurs parents, et qu'ils s'approprient. Ces jeunes définissent ainsi des espaces psychiques autonomes, dans lesquels les parents ne peuvent entrer que sur autorisation explicite.

À la suite des premiers entretiens, dans le cadre d'une de ces consultations, une prise en charge spécifique peut être proposée à l'adolescent et à sa famille. Celle-ci peut être individuelle de type psychothérapeutique par exemple, ou concerner l'ensemble de la famille comme une thérapie familiale.

De leur côté, les parents vont aussi parfois consulter le psychologue ou le psychiatre sans leur fils ou leur fille, mais pour parler de cet adolescent dont les attitudes et conduites les préoccupent. Parfois, c'est pour tester eux-mêmes le spécialiste avant de lui adresser leur fils ou leur fille. Chez ces parents, il y a souvent quelque chose de mobilisable qui peut faire évoluer leur relation et leur communication avec leur adolescent, sans que l'adolescent ne soit amené à consulter lui-même. Ces parents, en parlant de leur propre adolescence, font resurgir des souvenirs qu'ils relient à ce que vit leur adolescent en ce moment. Cette prise de conscience libère parfois des situations bloquées ou fortement conflictuelles.

▶ Promouvoir la démarche de mobilisation psychique

Les conseils donnés par les personnels enseignants ou de santé ne sont pas toujours suivis d'effets. Les adolescents en souffrance psychique et leurs parents ne sont pas toujours prêts à faire des démarches de soins dès qu'on leur signale les difficultés psychiques du jeune. Il est parfois difficile pour un adolescent (ou pour ses parents) d'accepter l'idée qu'il ne pourra pas faire disparaître, par lui-même, les symptômes qui le dérangent.

Exemple : **Frédéric** est scolarisé dans un nouvel établissement ; la rentrée scolaire a eu lieu il y a un mois. Le jeune homme, qui vit avec sa mère – ses parents étant séparés depuis longtemps –, refuse, au bout de quinze jours de scolarité, de se rendre au lycée. Il ne supporte plus d'être « regardé par les gens dans la rue et d'entendre les choses très désagréables qu'ils disent sur lui ». La mère communique peu avec ce grand garçon qui la frappe de temps en temps. L'entourage familial, alerté, a conseillé à plusieurs reprises au jeune homme de consulter un médecin pour lui parler de ses difficultés, mais Frédéric a refusé car, pour lui, « tout va très bien ! ».

Un long travail est parfois nécessaire auprès de l'adolescent ou de ses parents pour mobiliser des forces actives qui, remplaçant momentanément leurs résistances, leur permettront d'accepter un premier entretien avec un spécialiste de la relation.

Les personnes qui entourent l'adolescent et ses parents peuvent aussi soutenir cette tentative de mobilisation en inventant, si nécessaire, des stratégies de communication. Ce fut le cas pour Frédéric. Les membres de sa famille se sont mobilisés pour essayer de le mobiliser à son tour. Ayant pour objectif de l'amener à consulter un psychiatre, une cousine de Frédéric (en cours d'études d'infirmière) a proposé de se rapprocher de lui, de nouer avec lui une relation amicale, d'organiser des sorties en rapport avec les intérêts du jeune homme, pour essayer de communiquer avec lui, non seulement sur ce qu'il aime, mais aussi sur ce qui le fait souffrir.

LES DÉMARCHES[1] POUR AGIR

Il convient d'abord de demander conseil au médecin traitant, au personnel de santé scolaire, à un enseignant du jeune… lorsque l'adolescent et sa famille se questionnent à propos du jeune, de ses relations avec les autres, de son adaptation familiale, scolaire…

▶ Sur le plan scolaire ou professionnel

Si l'adolescent a des difficultés spécifiques ou générales, les enseignants de l'adolescent, le conseiller du Centre d'information et d'orientation **(CIO)**, de la Permanence d'accueil d'information et d'orientation **(PAIO)** ou de la **Mission locale** peuvent l'informer, l'aider à s'évaluer, à s'orienter, et éventuellement à rechercher une formation ou un emploi.

Les adresses du **CIO**, du **PAIO** et de la Mission locale peuvent être obtenues auprès de la mairie du domicile.

Si les parents souhaitent que leur adolescent soit aidé sur le plan méthodologique, pour mieux organiser son travail ou pour dépasser des difficultés scolaires, ils peuvent s'adresser à l'**Institut supérieur de pédagogie**, qui leur fournira l'adresse d'un spécialiste situé près de chez eux.

ISP, 3 rue de l'Abbaye, 75006 Paris, tél. 01 44 32 16 37.

Les parents peuvent aussi demander une consultation d'orientation scolaire et professionnelle auprès de **l'École des parents**.

École des parent : prendre rendez-vous par téléphone au 01 44 93 24 14.

Lorsque des difficultés psychologiques et scolaires sont mises en évidence et entravent l'évolution psychique de l'adolescent, il serait souhaitable que l'adolescent et les parents demandent un avis à un spécialiste. Ils peuvent consulter, suivant leur choix, dans le secteur public ou dans le secteur privé.

Les Centres médico-psychologiques **(CMP)** et les Centres médico-psychopédagogiques **(CMPP)**, composés d'**équipes pluridisciplinaires**, reçoivent les enfants, les adolescents et leurs parents sur rendez-vous. Les consultations sont gratuites. Si l'état de l'adolescent nécessite ensuite une prise en charge psychothérapeutique, celle-ci peut être assurée dans le même centre.

Les **équipes des CMP et des CMPP** sont constituées de psychiatres, assistantes sociales, psychologues, psychothérapeutes, psychanalystes, orthophonistes, psychomotriciens, infirmiers…

1. Cf. les références de l'ouvrage de Lorin Claude et Demachy Patricia, cité en bibliographie.

Les adresses de centres et lieux d'écoute spécifique pour adolescents sont fournies en mairie ou à la Direction départementale de l'action sanitaire et sociale (DDASS) du département dans lequel vit la famille.

Les familles peuvent aussi consulter, dans le cadre libéral, un psychiatre, un psychologue ou un psychanalyste. Les adresses de ces différents spécialistes peuvent être obtenues auprès du médecin généraliste, des personnels de santé scolaire…

▶ Concernant les problèmes familiaux

Les parents peuvent être écoutés, sur les problèmes familiaux quotidiens qu'ils rencontrent avec leurs adolescents, et recevoir auprès de **Inter Service Parents** des informations, des conseils et des orientations utiles. Il s'agit d'un service de l'École des parents. Les grands-parents peuvent s'exprimer sur leurs relations avec leurs enfants et leurs petits-enfants, en téléphonant à **Allô grands-parents,** qui est un service de l'École des parents.

Inter Service Parents : les parents peuvent téléphoner au 01 44 93 44 93, de 9 h 30 à 12 h 30 et de 13 h 30 à 17 h sauf le mercredi après-midi et le jeudi matin. S'ils le désirent et s'ils résident en région parisienne, ils peuvent demander un rendez-vous de 13 h 30 à 18 h pour une consultation de guidance au 01 44 93 24 14.

Allô grands-parents : au 01 44 93 44 90 du lundi au vendredi de 9 h 30 à 12 h 30.

▶ À propos de sexualité, contraception, difficultés conjugales…

Il est possible de prendre rendez-vous auprès :

– du Centre de planification et d'orthogénie en s'adressant à l'hôpital ou à la consultation de PMI (Protection maternelle et infantile), ou au dispensaire le plus proche du domicile ;

– de l'Association française des centres de consultation conjugale (AFCCC) : 228 rue de Vaugirard, 75015 Paris, tél. 01 45 66 50 00, qui fournit les adresses des conseilleurs conjugaux exerçant en ville ;

– du Mouvement français pour le planning familial (Confédération nationale) : 4 square Saint-Irénée, 75011 Paris, tél. 01 48 07 29 10, qui fournit les adresses sur le plan local.

Pour une information pratique ou bibliographique

Information concernant les secteurs qui intéressent les adolescents (la scolarité, la formation, la délinquance, la santé physique et mentale...), il est possible de s'adresser au :

– Centre d'information et documentation jeunesse (CIDJ), situé 101 quai Branly, 75740 Paris cedex 15, par tél. au 01 44 49 12 25, ou par Minitel au 36 15 code CIDJ.

Le CIDJ peut fournir les adresses du centre d'information jeunesse le plus proche du lieu de résidence;

– Comité français d'éducation pour la santé (CFES), qui a réalisé des séries de documents sur la santé des jeunes. Il envoie ces documents sur demande, adressée au 2 rue Auguste-Comte, 92170 Vanves, tél. 01 41 33 33 33; fax 01 41 33 33 90.

INFORMATIONS

Les numéros de téléphone destinés aux adolescents

• Les numéros verts gratuits et anonymes

Ils peuvent être écoutés d'une manière spécifique à propos de :

– maltraitance : faire le 119 ou appeler **Allô Enfance maltraitée,** au 0800 05 41 41;

– santé physique, psychique et sociale : composer le 0800 235 236. Ce service de l'École des parents, intitulé **Fil Santé Jeunes**, propose, tous les jours de 8 h à 24 h, une écoute individualisée;

– violence : composer le 0800 20 22 23. Ce service, anonyme et gratuit, de l'École des parents, intitulé « Jeunes violences écoute », fonctionne tous les jours de 8 h à 23 h;

– questions relationnelles entre adultes et jeunes : faire le 0800 85 88 58. **La Croix rouge écoute** fonctionne du lundi au vendredi, de 12 h à 22 h;

– toxicomanie : composer le 0800 231 313. **Drogues Info Service** aide, informe et oriente 24 heures sur 24 et 7 jours sur 7;

– conseils juridiques : faire le 0803 39 33 00. **SOS Avocat** répond aux questions, du lundi au vendredi, de 19 h à 23 h 30.

• Les autres numéros

– Dépression, suicide : **SOS Dépressions,** au 01 40 47 95 95, qui répond 24 heures sur 24. **SOS Suicide Phoenix,** au 01 40 44 46 45, qui répond de 9 h à 24 h. Et enfin, **Suicide Écoute,** au 01 45 39 40 00.

Conclusion

Ce livre indique des pistes à emprunter pour permettre à ceux qui le désirent de communiquer, chacun à sa manière, avec le ou les adolescents qu'il rencontre. Basé sur le respect authentique du jeune comme personne humaine digne d'intérêt, l'ouvrage propose aux lecteurs de construire de nouvelles relations avec les adolescents. Il s'agit de leur offrir un cadre éducatif qui pourra les responsabiliser tout en les accompagnant, les protégeant, les contenant durant leur adolescence. Cette relation éducative se construit et évolue à chaque moment de l'adolescence à travers un dialogue guidé par l'adulte. Elle s'appuie sur les échanges, les bons moments passés ensemble, les discussions conflictuelles mais non agressives, les attitudes bienveillantes tolérantes et attentives, la négociation, la formulation et l'acceptation des exigences et des limites nécessaires pour vivre ensemble, la pratique d'une autorité acceptée et reconnue par les jeunes…

Cette démarche s'inscrit résolument à bonne distance de certaines tendances actuelles : les tentations contraires du laxisme et de l'autoritarisme. Elle se situe entre les discours séducteurs qui laissent les adolescents « tout faire » et les discours répressifs ou hostiles qui ne leur donnent aucune autonomie. Elle s'oppose ainsi au laxisme et à l'indifférence des adultes qui les placent à l'abri des situations difficiles et des conflits avec les adolescents, mais qui produisent sur les jeunes désarroi et sentiment d'abandon, ou les poussent à commettre des actes agressifs pour attirer l'attention des adultes sur eux. Elle s'oppose aussi aux conduites éducatives rigides, agressives, autoritaires, qui, s'imposant par la force et n'étant jamais discutées, sont perçues par les adolescents dans le registre de la violence et sont productrices de violences en retour.

Bibliographie

I – Livres

A.É.R.É. : *Éduquer à la responsabilité,* documents et fiches d'activités, Éditions Chronique sociale, 1997.

ARQUIÉ D., *Réussir, ça s'apprend : un guide pour tous les parents,* Paris, Éditions Bayard, 1994.

BARON P., *La Dépression chez l'adolescent,* Paris, Maloine, 1993.

BIRRAUX A., *L'Adolescent face à son corps,* Paris, Bayard-Éditions Centurion, 1994.

BIRRAUX A., *Parce qu'il faut bien quitter l'enfance... réflexions sur les séparations douloureuses,* La Martinière, 2002.

BOUKRIS S., *Souffrances d'adolescents,* Paris, Éditions Grancher, 1999.

BRACONNIER A., MARCELLI D., *L'Adolescence aux mille visages,* Éditions Odile Jacob, 1998.

CHABROL H., *Les Comportements suicidaires de l'adolescent,* Paris, PUF, 1992.

CHAILLOU P., *Violences des jeunes. L'autorité parentale en question,* Paris, Éditions Gallimard, coll. « sur le champ », 1996.

CHARTIER J.-P., *Les Adolescents difficiles : psychanalyse et éducation spécialisée,* Toulouse, Privat, 1991.

CHESNAIS M.-F., *Vers l'autonomie, l'accompagnement dans les apprentissages,* Paris, Hachette Éducation, 1998.

CHOQUET M., LEDOUX S., *Adolescents : enquête nationale,* Paris, INSERM, 1994.

COLLECTIF, *Tolérance j'écris ton nom,* Éditions Saurat-UNESCO, 1996.

CLERGET J., *Adolescents parmi nous, la relation avec les adolescents,* Lyon, Éditions Chronique sociale, 1987.

DIAZ B., LIATARD-DULAC B., *Contre violence et mal-être. La Médiation par les élèves,* Paris, Éditions Nathan, « pédagogie », 1998.

DOLTO F., *Le Complexe du homard,* Paris, Hatier, 1989.

DUBET F., MARTUCCELLI D., *À l'école. Sociologie de l'expérience scolaire,* Paris, Le Seuil, 1996.

DUMAY J.-M., *L'École agressée, réponses à la violence,* Paris, Éditions Belfond, 1994.

DUMONT J.-P, DUNEZAT PH, LE DEZ M. *et al., Psychiatrie de l'enfant et de l'adolescent,* Éditions Heures de France, 2 tomes, 1997-1998.

ERIKSON E., *Adolescence et crise,* Paris, Flammarion, 1972.

FÉDIDA P., *Dictionnaire de la psychanalyse,* Paris, Larousse, 1974.

Ferron C., Laurent-Becq A., *Guide pédagogique à l'usage des professionnels. Parler du sida avec les adolescents : une histoire d'amour,* Paris, CFES, 1992.

Fize M., *Les Bandes : l'entre soi adolescent,* Éditions Aéres, 1994.

Gabel, Lebovici, Mazet, *Maltraitance; maintien du lien,* Paris, Éditions Fleurus, 1995.

Geninet A., *La Gestion mentale en mathématiques : application de la sixième à la seconde,* Paris, Éditions Retz, 1993.

Gervais Y., *La Prévention des toxicomanies chez les adolescents,* Paris, Éditions L'Harmattan, 1994.

Haim A., *Les Suicides d'adolescents,* Paris, Payot, 1970.

Huerre P., Pagan-Reymond M., Reymond J.-M., *L'adolescence n'existe pas,* Paris, Éditions Odile Jacob, 1997.

La Garanderie A. (de), *La Motivation : son éveil, son développement,* Paris, Éditions Le Centurion, 1991.

Lorin Cl., Demachy P., *La Psychologie de l'enfant et de l'adolescent : dictionnaire pratique des troubles, traitements et lieux de soins,* Toulouse, Éditions Privat, 1990.

Lutte G., *Libérer l'adolescence, introduction à la psychologie des adolescents et des jeunes,* Liège (Belgique), Éditions Mardage, 1988.

Marc P., *Violences familiale, scolaire et sociale : une histoire bien ordinaire,* Genève, Éditions du Tricorne, 1996.

Marcelli D., Braconnier A., *Psychopathologie de l'adolescent,* Paris, Éditions Masson, 3e édition, 1994.

Mouren-Siméoni M.-C., *Les Dépressions chez l'enfant et l'adolescent,* Paris, Expansion scientifique, 1997.

Nouis-Leenhardt A., *Vivre et survivre en milieu hostile,* Valence, Éditions et Régions, 2001 (diffusion Éditions La Bouquinerie, 8 rue Ampère, 26000 Valence) ; www.labouquinerie. com.

Olievenstein C., Parada C., *Comme un ange cannibale. Drogues, adolescents, société,* Éditions Odile Jacob, 2002.

Pebrel C. (sous la direction de), *La Gestion mentale à l'école,* Paris, Éditions Retz, 1993.

Picod C., *Sexualité : leur en parler, c'est prévenir,* Toulouse, Érès, 1994.

Poignant S., *Le Baston ou les adolescents de la rue*, Paris, Éditions L'Harmatttan, 1991.

Richard F., *Les Troubles psychiques de l'adolescent,* Paris, Dunod, 1998.

Risacher H., Lasbats C., *Le Suicide des jeunes,* Paris, Éditions First, 1992.

Rubellin, Devichi, Andrieux, *Enfances et Violences,* Lyon, PUF, 1993.

Schmelck M. A., *Introduction à l'étude des toxicomanies,* Paris, Éditions Nathan, 1993.

Soutoul J.-H, Chevrant-Breton O., *Agressions sexuelles de l'adulte et du mineur*, Éditions Ellipses, 1994.

Théodose É., *Ces jeunes qui galèrent,* Paris, Éditions ouvrières, 1992.

Tingry E., *On peut tous toujours réussir : un projet pour chacun,* Paris, Éditions Bayard, 1991.

Tremblay, Favard, Jost, *Le Traitement des adolescents délinquants,* Paris, Éditions Fleurus, 1995.

Van Meerbeeck P., Nobels C., *Que jeunesse se passe,* Bruxelles, De Boeck Université, 1998.

VARGA K., *L'Adolescent violent et sa famille,* Paris, Payot, 1996.

VULBEAU A., *Du tag au tag,* Paris, Desclée de Brouwer, 1993.

WILLE R., *Drogue, l'alerte aux parents,* Éditions Brepols, 1996.

II – Revues

• *Sur la violence*

« La Violence à l'école », *Les Cahiers de la sécurité intérieure,* n° 15, premier trimestre 1994.

• *Sur les troubles alimentaires*

BENSOUSSAN P., « Ce que manger veut dire », *Revue de l'École des parents,* n° 5/95.

— « Anorexie et boulimie de l'adolescent à travers l'étude du lien mère-fille », *Revue de neuropsychiatrie de l'enfant et de l'adolescent,* Paris, n° 7-8, 1998.

• *Sur la dépression*

« L'Adolescent, ses parents et leur dépression », *Revue de l'École des parents,* n° 6/95, Paris, FNEPE.

Édition : Céline Lorcher
Préparation : Catherine Lainé
Correction : Florence Richard
N° d'éditeur : 1176
Réalisation : AGD – Dreux.
N° de projet : 10097716-(I)-(3)-BSBP 80° - Dépôt légal : Novembre 2002
Achevé d'imprimer en France sur les presses de l'imprimerie FRANCE QUERCY à Cahors
Numéro d'impression : 22604

Dans la collection « Savoir pratiques »